Prefeitura da Cidade do Rio de Janeiro,
Secretaria Municipal de Cultura apresentam

MANUAL PRÁTICO do ASTRÔNOMO MIRIM

- O -
UNIVERSO
e além...

Se você também gosta do Universo como nós e quer aprender de forma divertida sobre o tema, embarque nessa aventura que preparamos especialmente para você.

No *Manual prático do astrônomo mirim* você encontra informações sobre o Sistema Solar e as galáxias. Você pode ter visto algo parecido na escola, mas este manual vai além, propondo atividades que colocam seu conhecimento em prática. Isso parece complicado? Não se preocupe, pois os textos vão tirar as suas dúvidas.

Primeiro vamos conhecer um astro muito importante, o Sol. Sem ele não haveria vida na Terra. Ele nos dá sua luz e seu calor. E por falar em Sol, que tal sabermos um pouco sobre o dia, a noite e as estações do ano? Também não podemos nos esquecer de visitar a Lua, nosso satélite natural. Você sabia que já fomos seis vezes para a Lua? E as fases da Lua, como elas acontecem?

Seguindo viagem, vamos conhecer o nosso Sistema Solar: os planetas, os asteroides, os planetas-anões e os cometas. Alguns planetas são grandes e gasosos e outros pequenos e rochosos. Os cometas são de gelo e alguns asteroides nos dão sustos quando passam “raspando” pela Terra. E os planetas-anões? Não são planetas e nem tão anões assim.

E você, onde fica em tudo isso? Em uma galáxia chamada Via Láctea. Ela é apenas uma dentre bilhões e bilhões de outras galáxias. E todas elas possuem centenas de bilhões de estrelas. Será que existem outros planetas parecidos com o nosso? Até agora não achamos nada. Nem vida no Sistema Solar ou em outro lugar qualquer.

Essa viagem só será possível se você conhecer bem o céu. Para isso, preparamos uma Carta Celeste com os nomes das principais constelações e estrelas. Vale a pena conferir.

Tanto no livro quanto nos encartes extras, são várias as atividades para você se divertir enquanto faz essa jornada pelo espaço. Tem corte e cole com os planetas, um jogo com perguntas sobre o Universo, labirinto, caça-palavras e você vai até aprender uma língua alienígena. E ainda tem um relógio de Sol para você não perder a hora de voltar para a Terra no seu ônibus espacial.

Venha conosco nessa fantástica viagem pelo espaço! Está preparado?

Boa viagem!

MANUAL
ASTRÔNOMO

PRÁTICO do MIRIM

DOMINGOS BULGARELLI
LUÍS GUILHERME HAUN
WAILÃ DE SOUZA CRUZ

Casa da Palavra

SUMÁRIO

-SOL-

SE O SOL FOSSE UMA BOLA OCA,
SERIA UMA BOLOTA

ENORME.

CABERIA DENTRO DELE MAIS DE

1 milhão

DE PLANETAS DO TAMANHO DA TERRA.

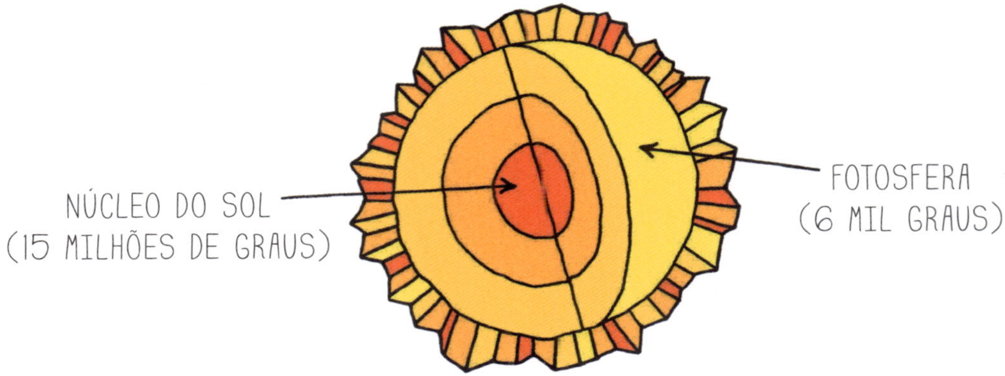

- CORTE DO SOL -

O SOL É UMA ESTRELA COMO AS OUTRAS QUE VEMOS NO CÉU À NOITE. COMO TODAS AS ESTRELAS, ELE É FORMADO POR GASES MUITO QUENTES, QUE CHAMAMOS DE PLASMA. ELE PARECE TÃO BRILHANTE PORQUE ESTÁ MAIS PERTO DA TERRA DO QUE AS OUTRAS ESTRELAS.

A temperatura na superfície do Sol, chamada fotosfera, é de 6 mil graus. Já o núcleo, onde é produzida sua energia, chega a 15 milhões de graus.

Além disso, o Sol é muito importante para a Terra, porque todos os seres vivos precisam do calor e da luz dele para sobreviver. As plantas, por exemplo, produzem o próprio alimento com essa energia. O calor solar controla o clima na Terra, esquentando os rios, lagos e oceanos. E tudo isso regula o ciclo das chuvas em nosso planeta!

Quando olhamos o Sol de pertinho, percebemos muitas coisas interessantes. Algumas vezes ele joga gases para o espaço, o que provoca explosões. Está o tempo todo em movimento, como um líquido borbulhando dentro de uma panela fervendo sobre o fogão.

- O - NASCIMENTO do Sol

ATIVIDADE PRÁTICA

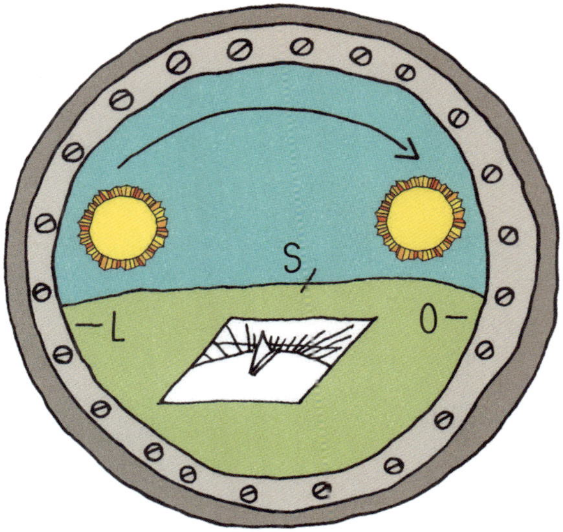

MUITO TEMPO ATRÁS, O HOMEM INVENTOU UMA MANEIRA DE SABER AS HORAS:

RELÓGIO de SOL

Neste tipo de relógio, uma haste (chamada de *gnômon*) faz sombra sobre uma superfície, e é a posição desta sombra que indica que horas são. Existem diversos tipos de relógios de Sol, mas nenhum é tão preciso quanto os relógios modernos que temos hoje. Além dos relógios de Sol que marcam as horas, também há os que marcam as épocas do ano. No encarte extra, você vai poder construir o seu relógio solar. Mãos à obra!

TERRA

A TERRA PESA

6.000.000.000.000.000.000.000.000 KG

seis setilhões de quilos!

SE UMA RÉGUA
ATRAVESSASSE A TERRA,
MEDIRIA UM
diâmetro de
12.800KM

(doze mil e oitocentos quilômetros).

E SE UMA FITA MÉTRICA
FOSSE COLOCADA
EM VOLTA DA TERRA,
MEDIRIA O PERÍMETRO DE
mais de
40.000KM
(quarenta mil quilômetros).

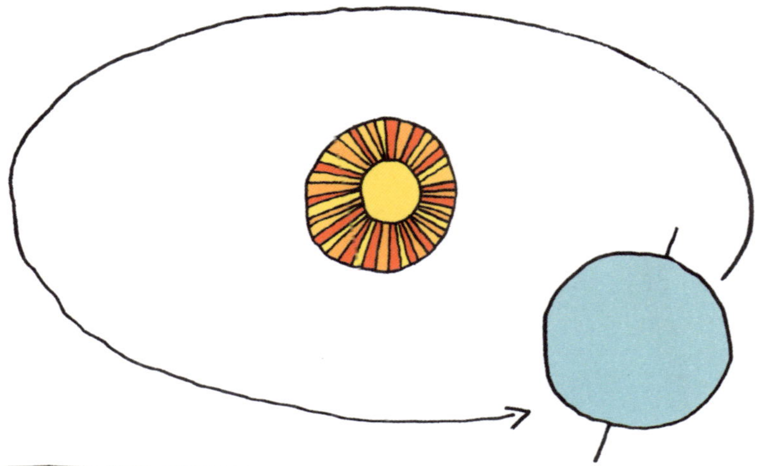

ROTAÇÃO: DIA E NOITE

A CADA 24 HORAS A TERRA COMPLETA UMA VOLTA AO REDOR DO PRÓPRIO EIXO. ESTE MOVIMENTO É CHAMADO DE *ROTAÇÃO*, E É ELE QUE NOS DÁ O DIA E A NOITE.

Enquanto uma metade da Terra está recebendo a luz do Sol (gerando o dia), a outra metade não está (gerando a noite).

Também é fácil observar que tanto o Sol, durante o dia, quanto as estrelas, durante a noite, caminham de um lado para o outro no céu, no sentido leste-oeste.

Na verdade é nosso planeta que se desloca em torno de si no sentido contrário, de oeste para leste.

REVOLUÇÃO OU TRANSLAÇÃO

A TERRA, ASSIM COMO OS OUTROS PLANETAS DO SISTEMA SOLAR, ESTÁ GIRANDO AO REDOR DO SOL. A CADA ANO ELA COMPLETA UMA VOLTA EM TORNO DELE, O QUE LEVA APROXIMADAMENTE 365 DIAS E 6 HORAS.

Este movimento chamamos de *revolução*. Então, no dia em que comemoramos nosso aniversário, a Terra terá terminado de dar mais uma volta completa ao redor do Sol.

Cada planeta tem um tempo diferente de revolução. Uns são mais rápidos, como Mercúrio e Vênus, já outros são mais lentos.

HEMISFÉRIOS SUL E NORTE e AS ESTAÇÕES DO ANO

PODEMOS DIVIDIR A TERRA EM DUAS PARTES: HEMISFÉRIOS SUL E NORTE. A LINHA QUE DIVIDE ESSES DOIS HEMISFÉRIOS SE CHAMA *EQUADOR*. NÓS, AQUI NO BRASIL, ESTAMOS NO HEMISFÉRIO SUL.

As estações do ano são quatro: verão, outono, inverno e primavera. Elas ocorrem porque a Terra gira ao redor do Sol com uma inclinação de 23,5 graus em relação ao plano de sua órbita.

Quando o Hemisfério Sul está mais virado para o Sol, temos o verão, e nesta época o dia é mais longo que a noite. Ao mesmo tempo, o Hemisfério Norte recebe menos luz solar, e lá é inverno. Seis meses depois fica tudo invertido: inverno no Hemisfério Sul e verão no Hemisfério Norte.

Entre o verão e o inverno, há o outono. Entre o inverno e o verão, a primavera.

ATIVIDADE PRÁTICA

AS QUATRO ESTAÇÕES DO ANO
no Hemisfério Sul

OBSERVE O DESENHO E IDENTIFIQUE O NOME DE CADA UMA DAS ESTAÇÕES DO ANO NO HEMISFÉRIO SUL.

FORÇA DA GRAVIDADE

TUDO QUE EXISTE E QUE TEM MASSA SOFRE UMA FORÇA DE OUTRA MASSA. A ESSA FORÇA DAMOS O NOME DE *GRAVIDADE*. QUANDO VAMOS NOS PESAR EM UMA BALANÇA, POR EXEMPLO, ESTAMOS VERIFICANDO COM QUE FORÇA A TERRA NOS PUXA PARA O CENTRO DELA. E ESSA FORÇA VARIA DE ASTRO PARA ASTRO.

Como cada astro exerce uma força gravitacional diferente sobre os objetos, nosso peso será diferente em cada lugar. Para saber quanto você pesa na Lua, é só dividir por seis o que a balança está indicando. Veja na tabela abaixo qual seria o seu peso em diferentes astros.

ASTRO	MULTIPLIQUE O SEU PESO NA TERRA POR	ASTRO	MULTIPLIQUE O SEU PESO NA TERRA POR
SOL	27,9	JÚPITER	2,24
MERCÚRIO	0,38	SATURNO	1,08
VÊNUS	0,91	URANO	0,91
LUA	0,17	NETUNO	1,19
MARTE	0,38	PLUTÃO	0,05

ATIVIDADE PRÁTICA

Viagem à ALFA CENTAURI

UM DOS SEUS AMIGOS SE PERDEU A CAMINHO DE ALFA CENTAURI. ELE QUASE CONSEGUIU CHEGAR, MAS SEU COMBUSTÍVEL ACABOU.

Você pode acelerar até a maior velocidade conhecida, que é a velocidade que a luz leva para se deslocar. É tão rápido que nem dá para perceber. Mesmo assim, você vai levar 4 anos para ir da Terra até Alfa Centauri. A menos que você encontre um caminho ainda mais rápido! Não se esqueça de passar no posto para abastecer.

ALFA CENTAURI

é um sistema triplo,

OU SEJA, FORMADO POR
TRÊS ESTRELAS QUE GIRAM UMA
AO REDOR DA OUTRA:

Alfa Centauri A, Alfa Centauri B e Alfa Centauri C. Juntas, formam a estrela mais brilhante da Constelação de Centauro.

PRÓXIMA CENTAURI,

OU ALFA CENTAURI C,

uma estrela anã vermelha,

é a que está mais próxima
de nós, a 4,2 anos-luz do nosso Sol.
Mesmo assim só conseguimos
observá-la com um bom telescópio.

LUA

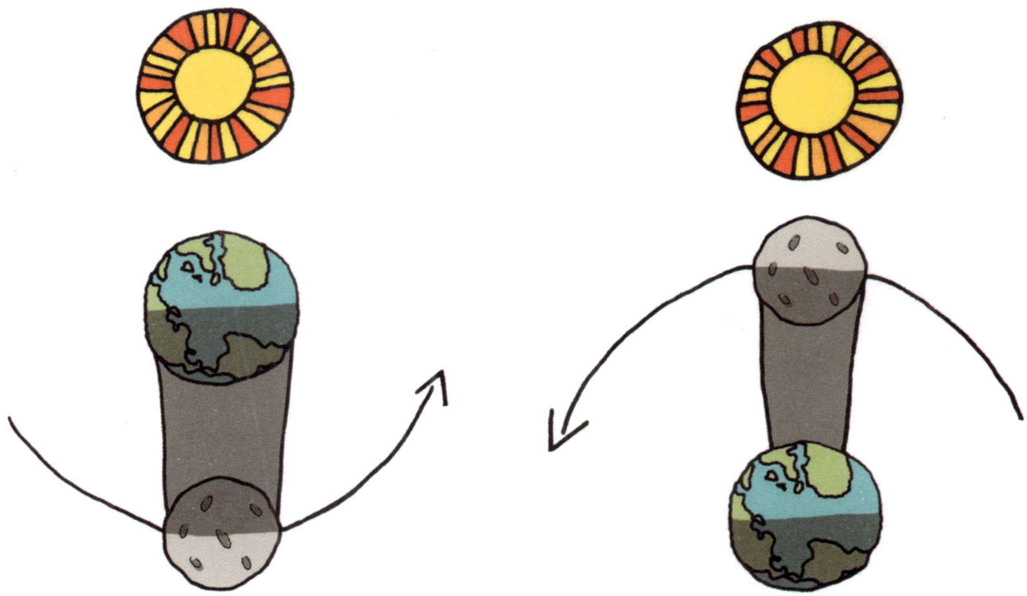

A LUA É O SATÉLITE NATURAL DA TERRA. ELA LEVA 29,5 DIAS PARA DAR UMA VOLTA COMPLETA AO REDOR DA TERRA, E ENQUANTO ISSO, GIRA TAMBÉM EM TORNO DO SEU EIXO. DESSA FORMA, SEMPRE NOS MOSTRA O MESMO LADO.

Durante esse movimento, como a Lua reflete a luz solar, apresenta várias formas, que chamamos de fases. Apenas quatro delas têm nomes: Lua cheia, quarto minguante, Lua nova e quarto crescente.

Por causa desse movimento ao redor da Terra, há épocas em que ela passa na sombra da Terra, provocando um eclipse lunar, ou passa na frente do Sol, provocando um eclipse solar.

AS FASES DA LUA

ATIVIDADE PRÁTICA

Nas janelas abaixo, desenhe as fases da Lua.

QUARTO MINGUANTE

CHEIA

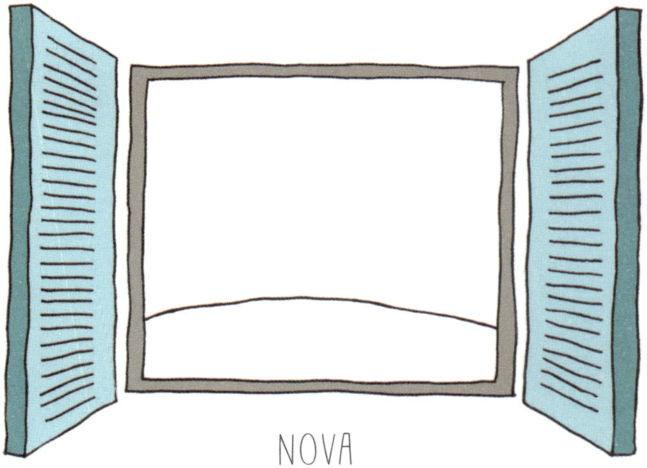

NOVA

QUARTO CRESCENTE

FASES DA LUA VISTAS DA TERRA

OBSERVANDO a SUPERFÍCIE DA LUA

ATÉ COM UM PEQUENO TELESCÓPIO PODEMOS VER DETALHES NA SUPERFÍCIE DA LUA, COMO CRATERAS, ALTAS MONTANHAS E IMENSAS E ESCURAS PLANÍCIES CHAMADAS DE MARES, APESAR DE NÃO EXISTIR ÁGUA POR LÁ.

Existem mais de 300 mil crateras de todos os tamanhos. Elas foram provocadas pela queda de fragmentos de rocha (os asteroides) que vagueiam pelo espaço a alta velocidade.

Em 20 de julho de 1969, os astronautas Neil Armstrong e Edwin Aldrin desceram pela primeira vez na superfície lunar. Depois houve mais cinco missões bem-sucedidas ao satélite, totalizando doze homens a visitá-la. Muitos quilos de rochas lunares foram trazidos para a Terra.

A baixa gravidade na superfície da Lua faz com que os movimentos pareçam estar em câmera lenta. Um astronauta de 72kg se sentiria como se tivesse apenas 12kg. Então, qualquer pessoa pode saltar bem alto na Lua, ou carregar um montão de coisas sem muito esforço. Daria para uma pessoa carregar um carro, se estivesse na Lua!

FAMÍLIA SOLAR

A FAMÍLIA SOLAR É COMPOSTA PELO SOL, 8 PLANETAS, PLANETAS-ANÕES, DEZENAS DE SATÉLITES, MILHARES DE ASTEROIDES E, POSSIVELMENTE, MILHÕES DE COMETAS.

Podemos dividir os planetas em dois grupos: os próximos do Sol, pequenos e rochosos, e os distantes, gigantes e gasosos.

Os satélites dos planetas gasosos são constituídos de uma mistura de gelo e rochas. Somente Fobos e Deimos, satélites de Marte, e o nosso satélite, a Lua, são feitos apenas de rochas.

Os planetas rochosos, em ordem a partir do Sol, são: Mercúrio, Vênus, Terra e Marte. Os gasosos são: Júpiter, Saturno, Urano e Netuno.

Entre Marte e Júpiter existe o Cinturão de Asteroides, que é formado de fragmentos de rochas dos mais variados tamanhos. Além de Netuno, temos Plutão e outros astros que formam um segundo cinturão, no qual encontramos corpos formados principalmente de gelo. Por último, temos os cometas, que são formados de gelo também.

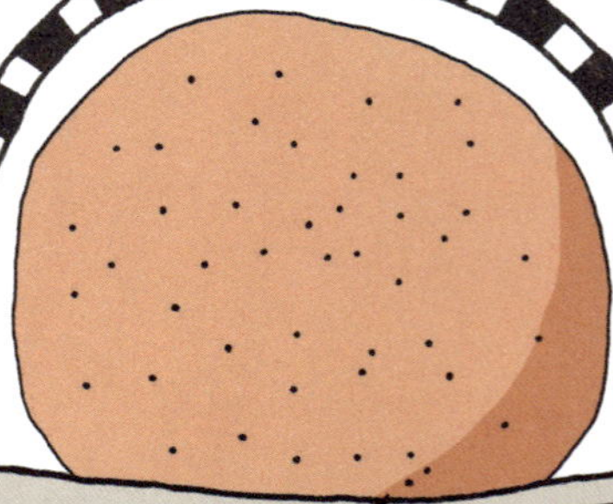

MERCÚRIO

Na mitologia romana, Mercúrio é o mensageiro dos deuses. É o menor planeta do Sistema Solar, apresentando uma superfície coberta de crateras causadas pelo impacto de meteoritos. É um planeta de difícil observação por estar muito próximo do Sol, mas apesar desta proximidade não é o mais quente, por não apresentar uma atmosfera. Durante o dia, a temperatura chega a 400 graus e à noite, a 170 graus abaixo de zero.

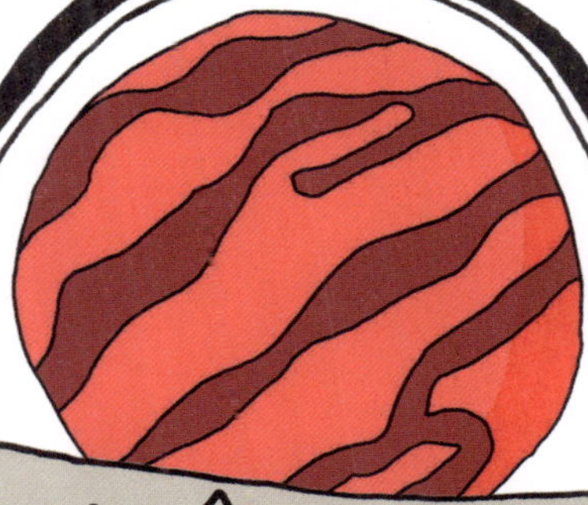

VÊNUS

Recebeu o nome da deusa do amor e da beleza, e também é conhecido como estrela-d'alva. É o sexto planeta em tamanho, e o mais quente do Sistema Solar. Por causa da densa atmosfera, coberta de nuvens, é bastante difícil observar a sua superfície, onde a temperatura atinge 470 graus. Na superfície de Vênus, metais como o chumbo estariam na forma líquida.

Uma das características marcantes deste planeta é o movimento de rotação, contrário ao dos demais; lá o Sol nasce a oeste e se põe a leste.

TERRA

Nosso planeta é uma pequena esfera azul no espaço. É o terceiro em relação ao Sol, o quinto em tamanho e o único onde sabemos existir vida. Recebeu este nome em homenagem à Gaia, mãe dos primeiros deuses.

Três quartos de nosso planeta são cobertos de água; o restante forma os continentes e as ilhas. Nossa atmosfera é formada por várias camadas, e uma delas é a composta por ozônio. A camada de ozônio filtra os raios solares, nos mantendo protegidos deles.

Marte é o nome do deus da guerra.

O solo marciano é avermelhado devido à presença de óxido de ferro, mais conhecido como ferrugem. É coberto por uma atmosfera bem fina, com tempestades de poeira que chegam a cobrir o planeta por vários meses. Como a Terra, apresenta calotas polares formadas de gelo seco e água. Sua temperatura varia entre 123 graus abaixo de zero e 22 graus. É o sétimo em tamanho.

A existência de grandes vales e o que parecem ser leitos de rios secos são fortes evidências de que no passado havia água líquida com mares e rios de água corrente na superfície marciana. Várias sondas tiraram fotos e fizeram experiências com material coletado do solo em busca de vida microscópica, mas nada foi encontrado.

Em Marte existe o maior vulcão fora de atividade do Sistema Solar, o monte Olimpo. Ele é três vezes mais alto que a nossa maior montanha, o monte Everest.

-ASTEROIDES-

São fragmentos de rochas de dimensões e formas variadas. Conhecemos mais de 600 asteroides. Apesar da quantidade, se reuníssemos todos, não chegariam ao tamanho da Lua.

JÚPITER

É o maior planeta do Sistema Solar, por isso recebeu o nome do deus supremo. Sua massa corresponde a pouco mais de duas vezes e meia a massa de todos os outros planetas reunidos.

Este gigante gasoso tem um núcleo rochoso envolto em camadas sólidas de hidrogênio metálico e líquido.

Suas nuvens multicoloridas se distribuem em cinturões e turbulências provocadas pelos fortes ventos da atmosfera. Um exemplo é a Grande Mancha Vermelha, um enorme furacão com três vezes o diâmetro da Terra que é observado há pelo menos 300 anos.

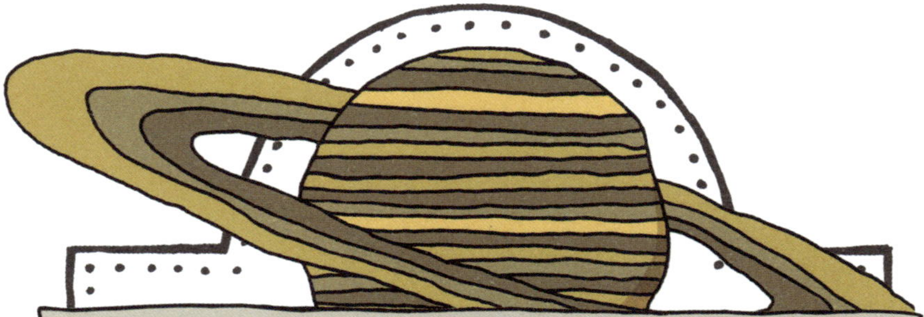

SATURNO

O planeta levou o nome do deus do tempo, filho de Urano (Céu) e Gaia (Terra). É o segundo do Sistema Solar em tamanho e famoso pelo seu sistema de anéis, que são compostos por milhares de pedaços de rocha e gelo de vários tamanhos. Os anéis se estendem por 250 mil quilômetros, mas a espessura deles não ultrapassa um quilômetro. Provavelmente, são restos de um cometa que foi despedaçado por se aproximar demais do planeta.

Saturno é tão leve que se pudéssemos colocá-lo na água ele flutuaria. Dos seus diversos satélites, Titã merece destaque por ser o único do Sistema Solar que apresenta uma densa atmosfera.

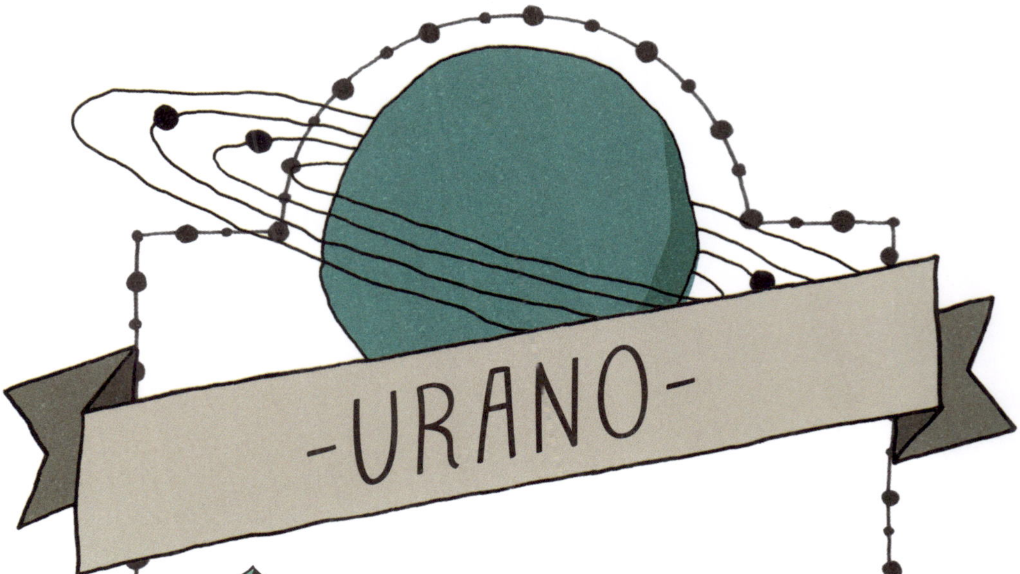

URANO

É o terceiro em tamanho e foi o primeiro planeta a ser descoberto por telescópio, em 1781. Um detalhe curioso é a inclinação de seu eixo de rotação: ele gira “deitado”. Tem anéis de gelo e sua atmosfera apresenta um tom azulado.

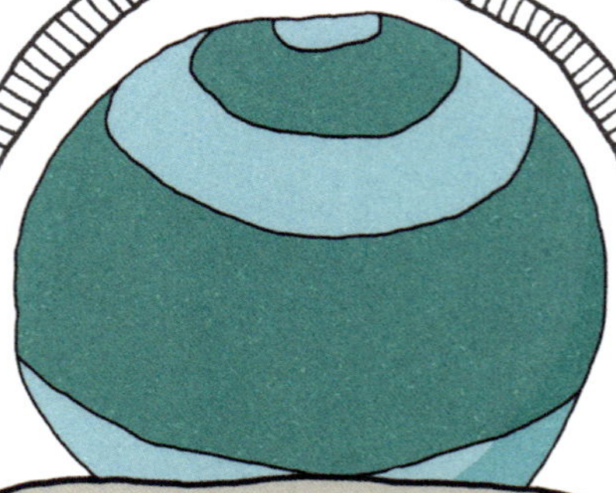

NETUNO

Descoberto em 1846, pela matemática, este planeta de cor azulada foi batizado com o nome do deus dos mares. É o menor dos planetas gasosos, apresenta grandes tempestades atmosféricas e também possui anéis de gelo e de rocha.

PLUTÃO e os planetas-anões

Depois de Netuno, encontramos diversos astros que receberam o nome de planetas-anões. O principal deles é Plutão, que há algum tempo era classificado ainda como planeta. Ele divide essa região com Éris, Makemake, Haumea e Ceres (antes classificado como asteroide).

TAMANHO *dos* PLANETAS-ANÕES *se comparados* COM A LUA

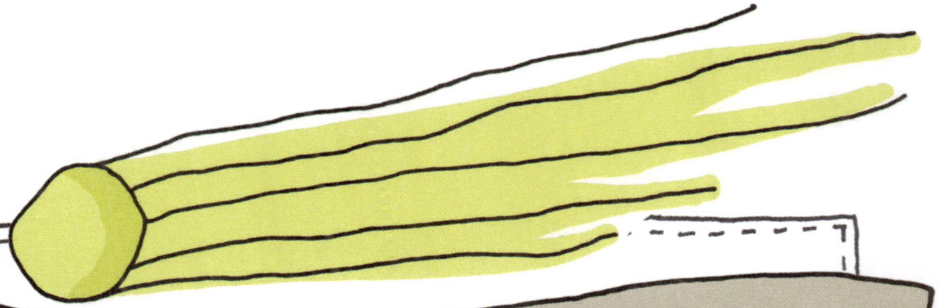

COMETAS

Com poucos quilômetros de extensão, os cometas são pequenos corpos viajando ao redor do Sol em longas órbitas. São feitos de gelo e de rocha. Quando se aproximam do Sol são aquecidos, e o gelo em sua superfície se transforma em vapor, formando a cabeleira e duas caudas, uma de poeira e outra de gás. Suas órbitas originais estão além de Netuno.

SISTEMA SOLAR

Escreva os nomes dos astros

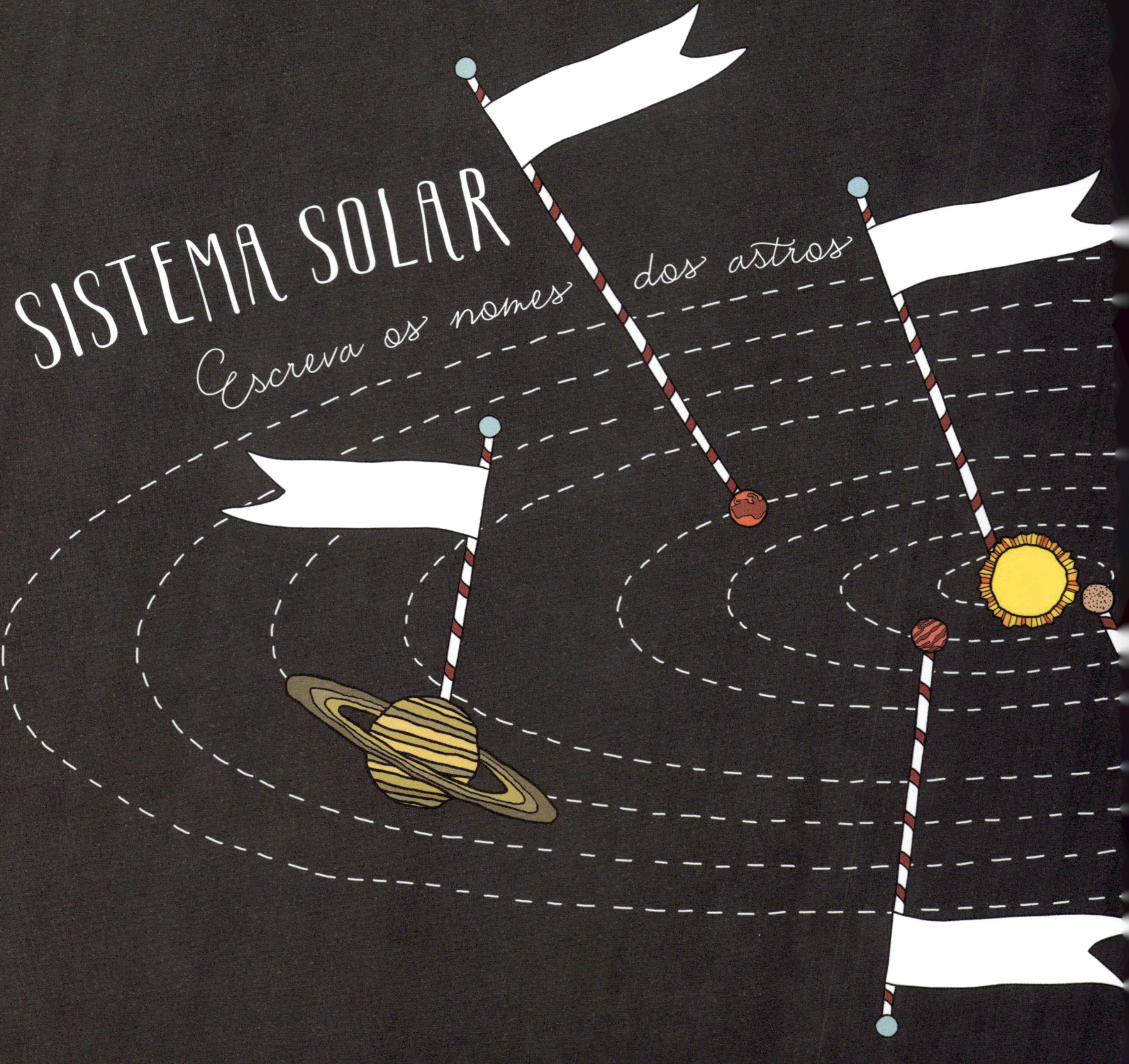

ATIVIDADE PRÁTICA

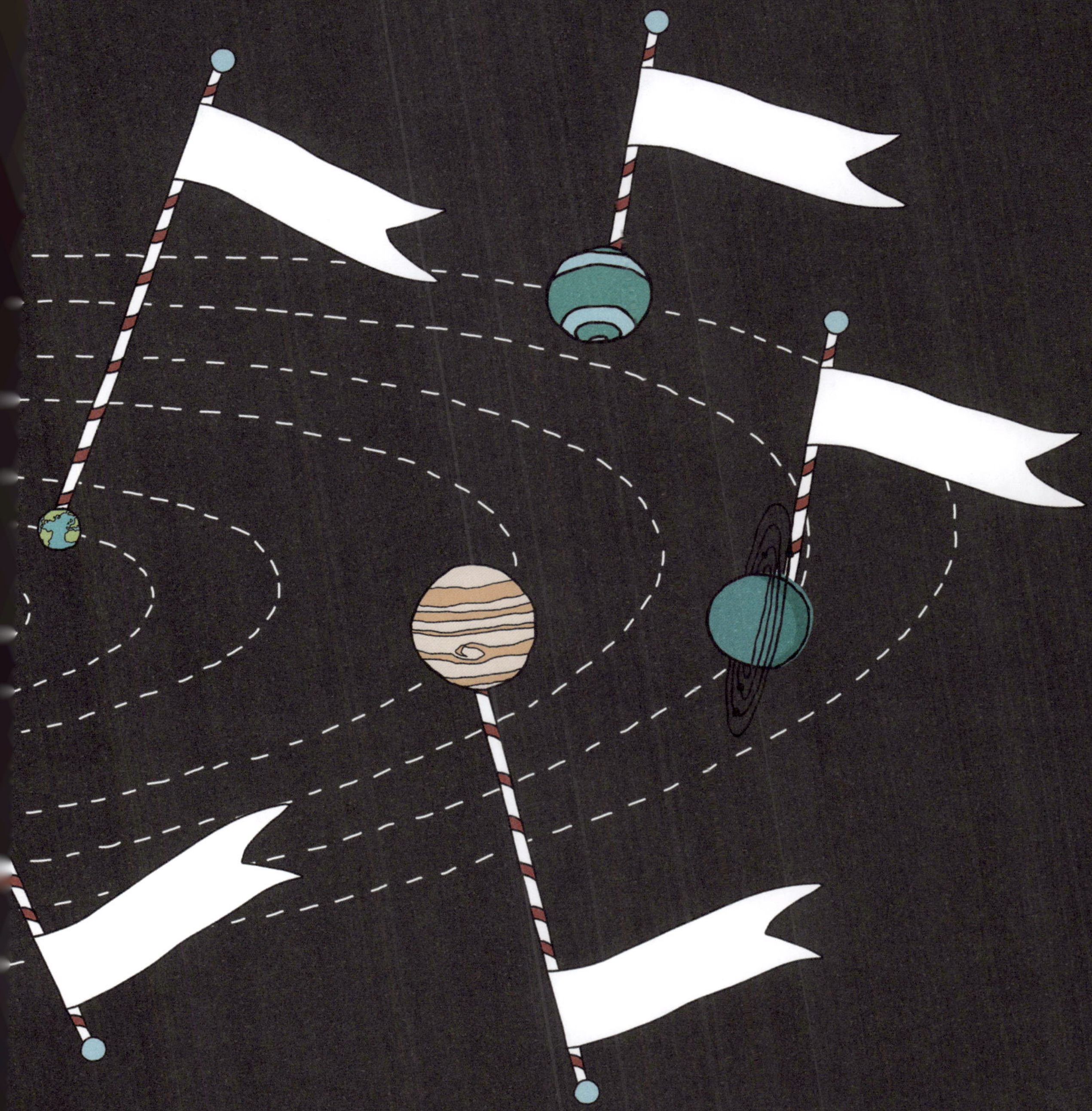

ATIVIDADE PRÁTICA

CAÇA-PALAVRAS

Encontre os nomes de 12 astros do Sistema Solar

P	L	X	T	A	O	Q	W	E	R	T	Y	U	I
C	O	S	A	T	U	R	N	O	O	P	A	S	D
A	I	F	G	H	J	K	L	Ç	Z	X	C	V	C
S	M	B	N	M	Q	A	Z	W	S	V	X	E	O
T	A	D	C	J	R	F	V	T	L	E	G	B	M
E	R	Y	H	U	N	N	E	T	U	N	O	U	E
R	T	J	M	P	I	K	O	L	M	U	P	Ç	T
O	E	W	P	I	A	R	T	E	T	S	Z	A	A
I	Q	X	S	T	W	C	E	D	R	E	V	F	S
D	R	B	G	E	T	N	R	H	K	Y	M	J	U
E	K	M	E	R	C	U	R	I	O	I	S	O	L
S	L	O	Ç	P	M	N	A	B	V	C	O	X	Z
Ç	L	K	J	L	U	A	H	G	F	D	S	A	P
U	R	A	N	O	O	I	U	Y	T	R	E	W	Q

— O —

ESPAÇO

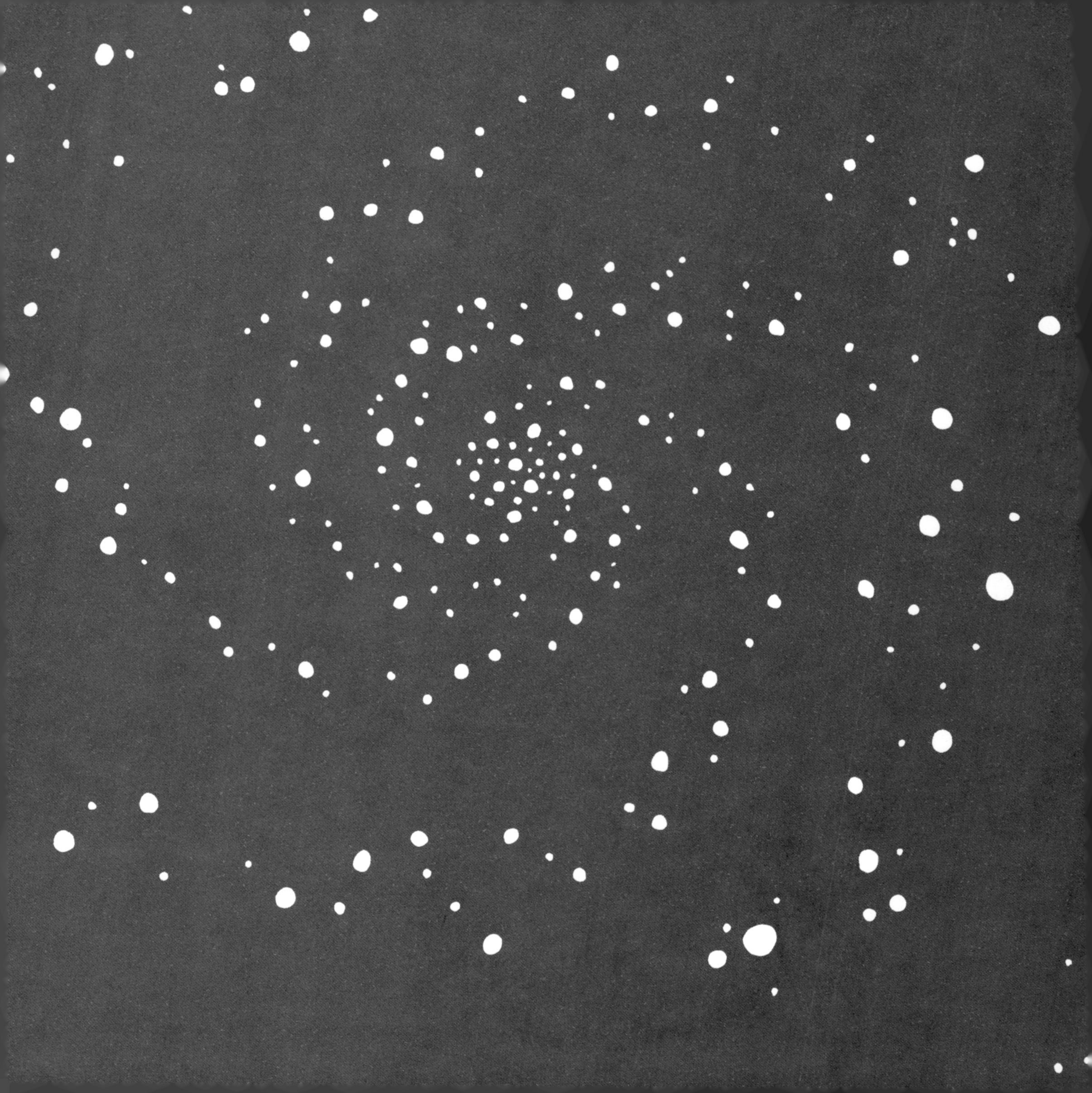

GALÁXIAS

GALÁXIAS SÃO GRUPOS DE MILHÕES OU BILHÕES DE ESTRELAS, POEIRA E GASES, QUE GIRAM AO REDOR DE UM CENTRO POR CAUSA DA FORÇA GRAVITACIONAL. ELAS TÊM DIVERSAS FORMAS E TAMANHOS. NO UNIVERSO, EXISTEM CENTENAS DE BILHÕES DE GALÁXIAS.

A nossa galáxia é a Via Láctea. Ela tem cerca de 200 bilhões de estrelas. Seu tamanho é de 100 mil anos-luz (1 ano-luz = 9,5 trilhões de quilômetros) de diâmetro por 10 mil anos-luz de espessura.

À noite, longe das luzes das cidades, podemos ver uma faixa clara no céu. É o plano da nossa galáxia, a região onde está concentrada a maior parte de sua matéria, que também é conhecida como Via Láctea.

Das galáxias mais próximas de nós, destacamos a Grande e a Pequena Nuvem de Magalhães, que são galáxias satélites da nossa porque ficam girando ao nosso redor, e a galáxia de Andrômeda. Esta apresenta cerca de 300 bilhões de estrelas e é o objeto mais distante visível a olho nu (está a 2,2 milhões de anos-luz de nós).

As galáxias, as estrelas e os outros corpos celestes são observados há muito tempo. Ganharam nomes e tiveram sua localização e comportamentos estudados. Foi assim que surgiu a Carta Celeste.

CARTA CELESTE

NOME	SIGNIFICADO	CONSTELAÇÃO
ACRUX	MAGALHÃES/ALFA DA CRUZ	CRUZEIRO DO SUL
ALDEBARAN	QUE PRECEDE AS PLÊIADES	TOURO
ANTARES	RIVAL DE MARTE	ESCORPIÃO
ALNILAN	PÉROLA	ÓRION
ALNITAK	CINTO	ÓRION
ARCTURUS	GUARDA DA URSA	BOIEIRO
ALTAIR	VOADOR	ÁGUIA
BELLATRIX	MULHER GUERREIRA	ÓRION
BETELGEUSE	OMBRO DO GIGANTE	ÓRION
CANOPUS	HOMENAGEM AO PILOTO DE ARGUS	NAVIO
DENEB	CAUDA	CISNE
DENEBOLA	CAUDA DO LEÃO	LEÃO
HADAR	PERNA/JOELHO	CENTAURO

HÍADES	FILHA DA ATLAS E ERA	TOURO
INTROMETIDA	INTROMETIDA	CRUZEIRO DO SUL
MINTAKA	FAIXA	ÓRION
PLÊIADES	SETE IRMÃS, FILHAS DE PLEIONE E ATLAS	TOURO
POLLUX	POLLUX	GÊMEOS
PROCYON	ANTECEDE O CÃO	CÃO MENOR
REGULUS	PEQUENO REI	LEÃO
RIGEL	PÉ	ÓRION
RIGEL KENT	TALISMÃ OU PÉ DO CENTAURO	CENTAURO
SHAULA	CAUDA	ESCORPIÃO
SIRIUS	ARDENTE	CÃO MAIOR
SPICA	ESPIGA	VIRGEM
VEGA	ÁGUIA QUE CAI	LIRA

HISTÓRIA DA CARTA CELESTE

HÁ MUITO TEMPO, MAIS OU MENOS 5 MIL ANOS, NUM LUGAR CHAMADO MESOPOTÂMIA, ONDE APARECERAM AS PRIMEIRAS CIDADES, OS SACERDOTES OBSERVAVAM O CÉU PARA SABER A ÉPOCA EM QUE OS FAZENDEIROS TINHAM DE FAZER A SEMEADURA E, DEPOIS, A COLHEITA DOS ALIMENTOS. NASCIA ENTÃO A ASTRONOMIA, UMA DAS MAIS ANTIGAS CIÊNCIAS. ☆☆☆

Para que essas observações fossem precisas, eles dividiram o céu em grupos de estrelas chamados *constelações*. Além de observarem as constelações e as estrelas mais brilhantes, eles notaram que alguns astros não permaneciam na mesma posição durante um ano, mas trocavam de lugar com o passar do tempo. Essas estrelas errantes, o povo grego chamou de *planetas*.

Observando o caminho que o Sol, a Lua e os planetas faziam durante o ano, notaram que estes astros percorriam sempre as mesmas regiões do céu. As constelações que ficam nessa região chamaram de *constelações do Zodíaco*. São elas: Carneiro, Touro, Gêmeos, Caranguejo, Leão, Virgem, Balança, Escorpião, Sagitário, Capricórnio, Aquário e Peixes.

Em Touro existem dois aglomerados de estrelas: as Híades, que formam a cara do Touro, onde a estrela mais brilhante é Aldebaran, e as Plêiades, que simbolizam sete irmãs, localizadas no coração do Touro.

Na constelação de Gêmeos, as estrelas mais brilhantes são Castor e Pollux. Em Leão, destacamos Regulus (pequeno rei) e Denebola (cauda do leão). Na Virgem, temos Spica, que representa a espiga do milho. Já em Escorpião, as mais brilhantes são Antares (rival de Marte) e Shaula (na cauda).

ATIVIDADE PRÁTICA

MENSAGEM DE ALFA CENTAURI

Em sua nave, você acabou de receber uma mensagem dos seus amigos de Alfa Centauri. Vamos traduzir usando o código da linguagem cósmica?

Responda à mensagem do seu amigo de Alfa Centauri, convidando-o para visitar a Terra. Não se esqueça de usar a linguagem cósmica que você aprendeu.

Antes, preencha seu endereço completo para que ele saiba chegar sem ficar perdido pelo espaço.

ATIVIDADE PRÁTICA

LIGUE OS PONTOS

e descubra o desenho escondido

– PALAVRAS CRUZADAS –

1. 

2. PLANETA COBERTO POR 

3. MAIOR PLANETA 

4. PLANETA MAIS PRÓXIMO DO 

5. 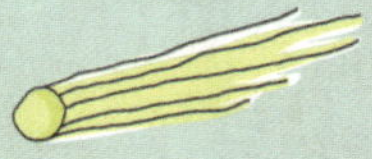

6. O PLANETA VERMELHO

7. O "PLANETA-ANÃO" MAIS PERTO DE NETUNO

8. 

9. NOSSO PLANETA 

10. NOSSA ESTRELA 

ATIVIDADE PRÁTICA

CONSTELAÇÕES ZODIACAIS

Ligue as constelações ao seu desenho:

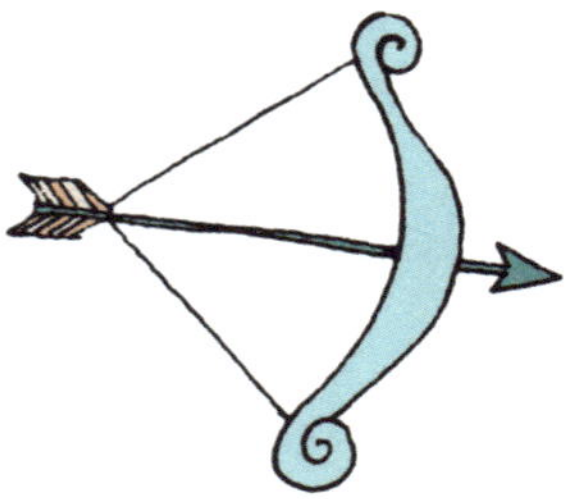

ESCORPIÃO

BALANÇA

VIRGEM

LEÃO

CARANGUEJO

GÊMEOS

TOURO

CARNEIRO

PEIXES

AQUÁRIO

CAPRICÓRNIO

SAGITÁRIO

OBSERVANDO O CÉU

SE VOCÊ QUER SER UM ASTRÔNOMO MIRIM, CONHECER BEM O CÉU É UM PASSO FUNDAMENTAL. PARA ISSO A MELHOR MANEIRA É PRATICAR. VOCÊ PODE COMEÇAR OBSERVANDO O CÉU TODAS AS NOITES E VER COMO ELE VAI MUDANDO AO LONGO DAS HORAS E DOS DIAS, COM OS PLANETAS E A LUA SE MOVIMENTANDO ENTRE AS ESTRELAS. COM CERTEZA VAI SE DIVERTIR BASTANTE! ☆☆☆☆☆☆☆☆☆☆☆

O céu foi todo dividido em 88 constelações. Mas muitas são difíceis de identificar. Destaque as cartas de cada constelação no encarte extra e comece a conhecer o formato das constelações. Também use sua carta celeste para conhecer algumas constelações e suas principais estrelas. Com bastante treino você será capaz de identificá-las no céu e irá se tornar um verdadeiro astrônomo mirim. Mãos à obra!

DOMINGOS JORGE BULGARELLI Formado em Astronomia pela Universidade Federal do Rio de Janeiro e mestre em Comunicação e Semiótica pela PUC-SP. Astrônomo da Fundação Planetário da Cidade do Rio de Janeiro, onde é professor da Colônia de Férias "Brincando e aprendendo Astronomia" há mais de vinte anos. Atualmente está aposentado, mas continua participando das atividades do Planetário.

LUÍS GUILHERME HAUN Formado em Astronomia pela Universidade Federal do Rio de Janeiro e pós-graduado em Ensino da Astronomia (CEFET-Campos/RJ). Atualmente é astrônomo da Fundação Planetário da Cidade do Rio de Janeiro. É autor de dois programas infantis de planetário: *O príncipe sem nome* e *Uma aventura no Planetário*. É professor da Colônia de Férias "Brincando e aprendendo Astronomia" há mais de vinte anos.

WAILÃ DE SOUZA CRUZ Formado em Astronomia pela Universidade Federal do Rio de Janeiro, pós-graduado em Ensino de Astronomia (CEFET-Campos/RJ) e Especialização em Divulgação da Ciência (FIOCRUZ). Atualmente é astrônomo da Fundação Planetário da Cidade do Rio de Janeiro. Tem experiência na área de Divulgação Científica, com ênfase em Museus e Centros de Ciências. É professor da Colônia de Férias "Brincando e aprendendo Astronomia" há cerca de dez anos.

Este livro foi revisado segundo o novo Acordo
Ortográfico da Língua Portuguesa.

COORDENAÇÃO DE PROJETO E EDIÇÃO
Renata Santos/
Agência Contemporânea de Pesquisa

CURADORIA
João Alegria

PRODUÇÃO EDITORIAL
Luana Balthazar

PREPARAÇÃO DE ORIGINAL
Mariana Oliveira

REVISÃO
Luana Balthazar

PROJETO GRÁFICO DE CAPA, MIOLO
E ILUSTRAÇÕES
Fernanda Mello

MARKETING CULTURAL
Jacqueline Menaei/MaisArte

ADMINISTRAÇÃO DE PROJETO
Gustavo Lacerda

REALIZAÇÃO
Casa da Palavra

PATROCÍNIO
Cultura Presente! · Rio Prefeitura · Consórcio Linha 4 Sul

APOIO
Rio Prefeitura · Planetário

CASA DA PALAVRA PRODUÇÃO EDITORIAL
Av. Calógeras, 6 sala 701 · Rio de Janeiro
21.2222-3167 21.2224-7461
editorial@casadapalavra.com.br
www.casadapalavra.com.br

CIP-BRASIL. CATALOGAÇÃO NA PUBLICAÇÃO
SINDICATO NACIONAL DOS EDITORES DE LIVROS, RJ

H31m

Haun, Luís Guilherme
Manual prático do astrônomo mirim / Luís Guilherme Haun, Domingos Bulgarelli, Wailã de Souza Cruz. - 1. ed. - Rio de Janeiro: Casa da Palavra, 2015.
124 p. : il., color. ; 21 cm

Apêndice
ISBN 978-85-7734-612-7

1. Astronomia - Literatura infantojuvenil. 2. Literatura infantojuvenil brasileira. I. Bulgarelli, Domingos. II. Cruz, Wailã de Souza. III. Título.

15-23856 CDD: 028.5
CDU: 087.5

RESPOSTAS *das* ATIVIDADES

CAÇA-PALAVRAS

P	L	X	T	A	O	Q	W	E	R	T	Y	U	I
C	O	S	A	T	U	R	N	O	O	P	A	S	D
A	I	F	G	H	J	K	L	Ç	Z	X	C	V	C
S	M	B	N	M	Q	A	Z	W	S	V	X	E	O
T	A	D	C	J	R	F	V	T	L	E	G	B	M
E	R	Y	H	U	N	N	E	T	U	N	O	U	E
R	T	J	M	P	I	K	O	L	M	U	P	Ç	T
O	E	W	P	I	A	R	T	E	T	S	Z	A	A
I	Q	X	S	T	W	C	E	D	R	E	V	F	S
D	R	B	G	E	T	N	R	H	K	Y	M	J	U
E	K	M	E	R	C	U	R	I	O	I	S	O	L
S	L	O	Ç	P	M	N	A	B	V	C	O	X	Z
Ç	L	K	J	L	U	A	H	G	F	D	S	A	P
U	R	A	N	O	O	I	U	Y	T	R	E	W	Q

ALFA CENTAURI

AS QUATRO ESTAÇÕES DO ANO

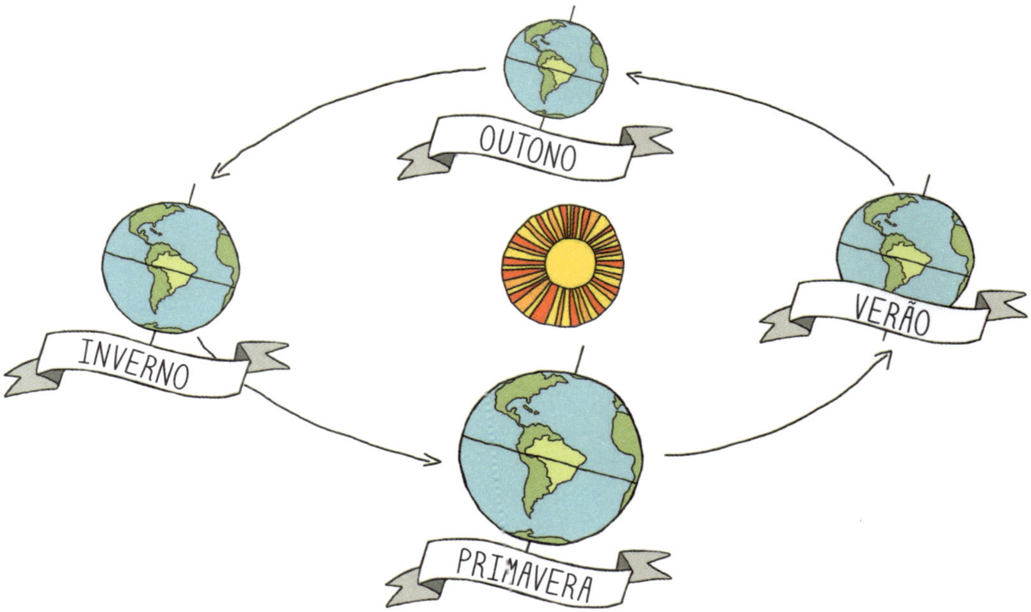

PALAVRAS CRUZADAS

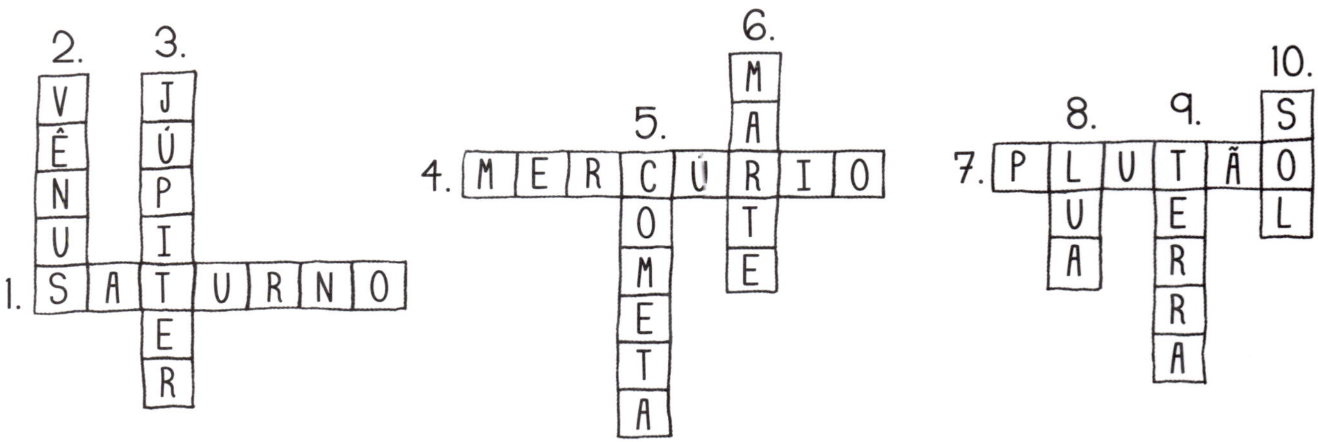

SISTEMA SOLAR

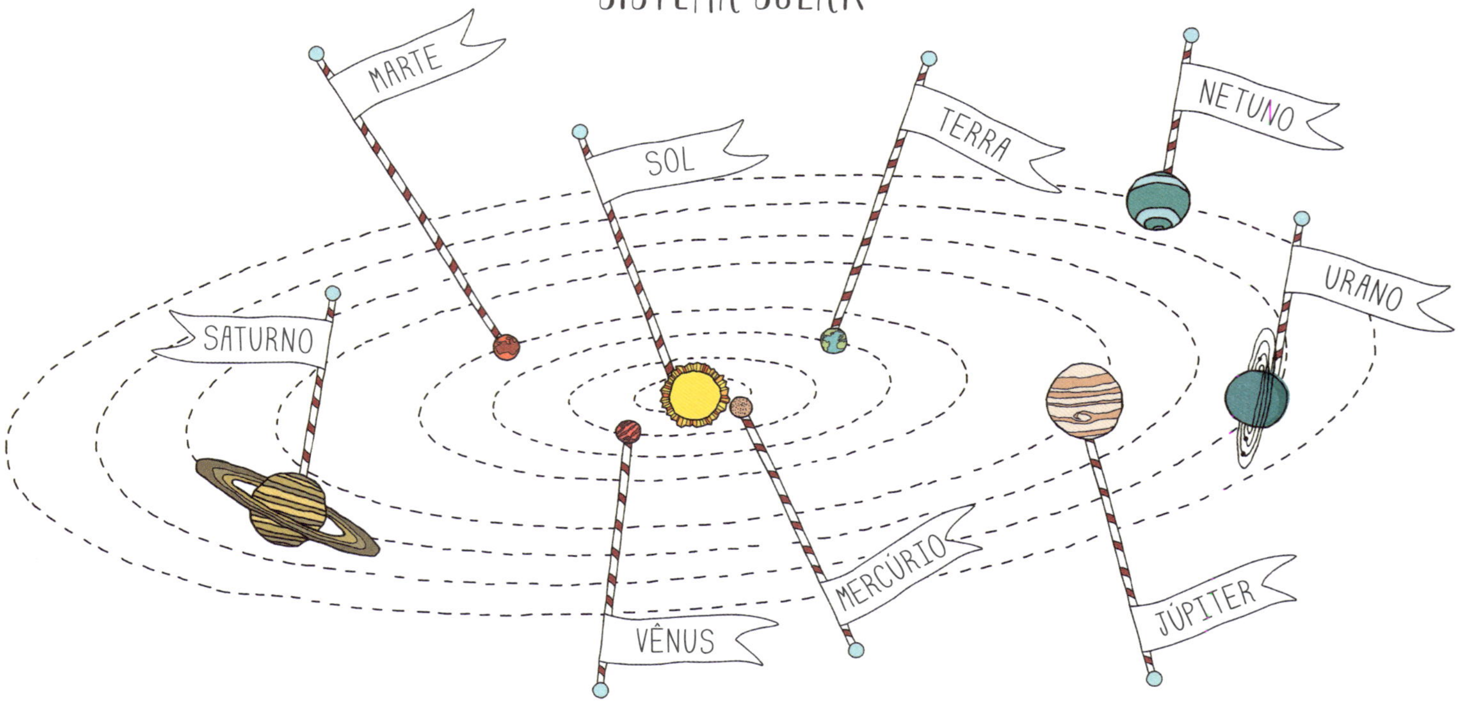

PERDIDOS NO ESPAÇO

1. SATURNO
2. TERRA
3. VÊNUS
4. MERCÚRIO
5. MARTE
6. JÚPITER
7. ASTEROIDES
8. URANO
9. NETUNO
10. LUA
11. SATÉLITES NATURAIS
12. COMETAS
13. SISTEMA SOLAR
14. ASTRONOMIA
15. TELESCÓPIO

CONSTELAÇÕES ZODIACAIS

MENSAGEM DE ALFA CENTAURI

Cuidem bem do planeta Terra.

ESSE LIVRO FOI EDITADO NA PRIMAVERA DE 2015,
NA CIDADE DO RIO DE JANEIRO, BRASIL,
HEMISFÉRIO SUL, PLANETA TERRA, VIA LÁCTEA.

1ª EDIÇÃO	DEZEMBRO DE 2015
PAPEL DE MIOLO	OFFSET 120G/M²
PAPEL DE CAPA	CARTÃO SUPREMO 250G/M²
GRÁFICA	A. R. FERNANDEZ

PASSEIO
pelo
SISTEMA SOLAR

PASSEIO
pelo
SISTEMA SOLAR

PASSEIO
pelo
SISTEMA SOLAR

PASSEIO
pelo
SISTEMA SOLAR

PASSEIO
pelo
SISTEMA SOLAR

PASSEIO
pelo
SISTEMA SOLAR

QUAL É O NOME DA NOSSA GALÁXIA?

Resposta: Via Láctea

CERTO
↓
AVANCE 3 CASAS

ERRADO
↓
VOLTE 3 CASAS

QUAL ERA O NOME DA PRIMEIRA CADELA QUE FOI PARA O ESPAÇO?

Resposta: Crespinha

CERTO
↓
AVANCE 4 CASAS

ERRADO
↓
VOLTE 3 CASAS

COMO SE CHAMAM OS CHINESES QUE VÃO PARA O ESPAÇO?

Resposta: Taikonautas

CERTO
↓
AVANCE 3 CASAS

ERRADO
↓
VOLTE 4 CASAS

APROXIMADAMENTE QUANTAS ESTRELAS PODEMOS VER NO CÉU À NOITE?

Resposta: 6.000

CERTO
↓
AVANCE 4 CASAS

ERRADO
↓
VOLTE 4 CASAS

QUAIS CORES AS ESTRELAS PODEM TER?

Resposta: Azul, branca, laranja, amarela e vermelha

CERTO
↓
JOGUE DE NOVO

ERRADO
↓
VOLTE 1 CASA

QUAL É A MENOR CONSTELAÇÃO?

Resposta: Cruzeiro do Sul

CERTO
↓
JOGUE DE NOVO

ERRADO
↓
VOLTE 2 CASAS

CITE O NOME DE UMA ESTRELA DA CONSTELAÇÃO DO ESCORPIÃO.

Resposta: Antares, Shaula

CERTO

JOGUE DE NOVO

ERRADO

VOLTE 3 CASAS

CITE O NOME DE UMA ESTRELA DA CONSTELAÇÃO DE ÓRION.

Resposta: Betelgeuse, Rigel, Bellatrix, Mintaka, Alnilan, Alnitak

CERTO

JOGUE DE NOVO

ERRADO

VOLTE 4 CASAS

CITE O NOME DE UMA ESTRELA DA CONSTELAÇÃO DE GÊMEOS.

Resposta: Castor, Pollux

CERTO

AVANCE 1 CASA

ERRADO

FIQUE UMA VEZ SEM JOGAR

CITE O NOME DE UMA ESTRELA DA CONSTELAÇÃO DO LEÃO.

Resposta: Regulus, Denebola

CERTO

AVANCE 2 CASAS

ERRADO

FIQUE UMA VEZ SEM JOGAR

QUAL É A ESTRELA MAIS BRILHANTE DO CÉU NOTURNO?

Resposta: Sirius

CERTO

AVANCE 3 CASAS

ERRADO

FIQUE UMA VEZ SEM JOGAR

CITE O NOME DE 3 SONDAS ESPACIAIS.

Resposta: Voyager, Apollo, Pionner, Stardust etc.

CERTO

AVANCE 4 CASAS

ERRADO

FIQUE UMA VEZ SEM JOGAR

PASSEIO
pelo
SISTEMA SOLAR

PASSEIO
pelo
SISTEMA SOLAR

PASSEIO
pelo
SISTEMA SOLAR

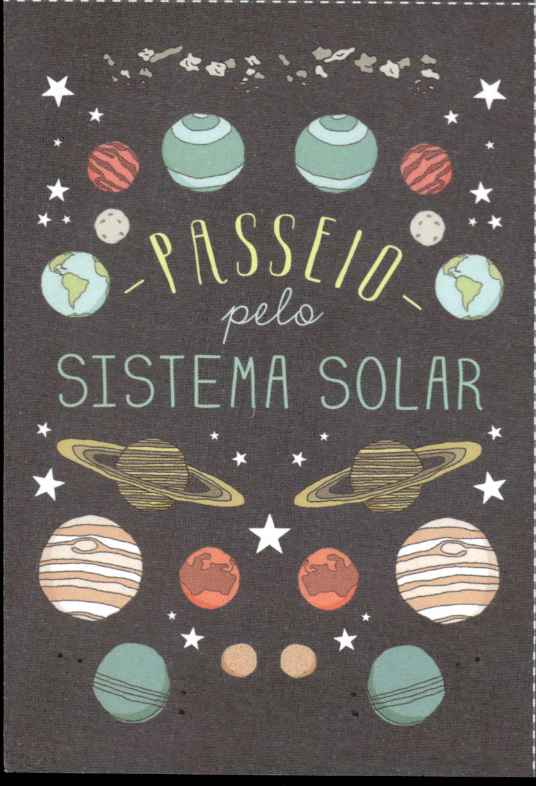
PASSEIO
pelo
SISTEMA SOLAR

PASSEIO
pelo
SISTEMA SOLAR

PASSEIO
pelo
SISTEMA SOLAR

CONSTELAÇÕES ZODIACAIS

Pinte, recorte as cartelas e peça ajuda a um adulto para perfurar os pontos.

Num cômodo escuro, coloque cada cartela na frente de uma lanterna e você verá as principais estrelas das constelações refletidas na parede.

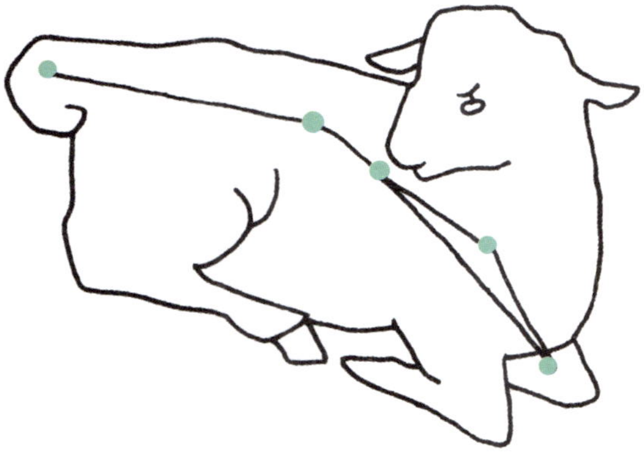

CARNEIRO

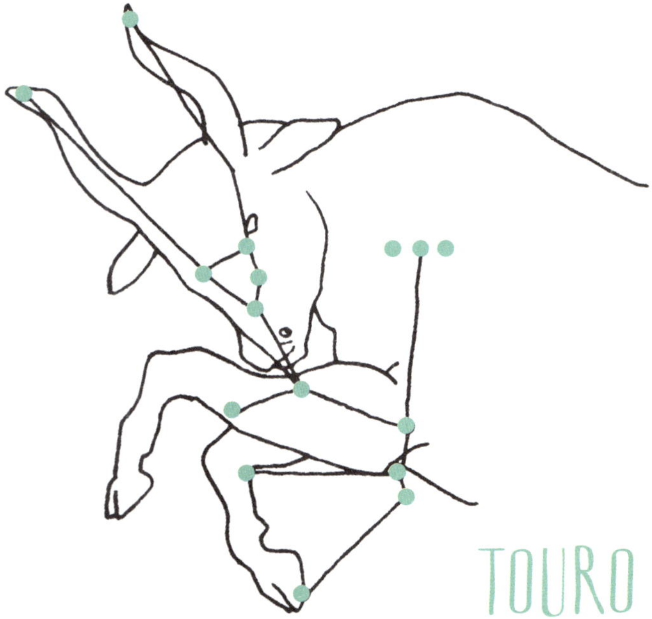

TOURO

GÊMEOS

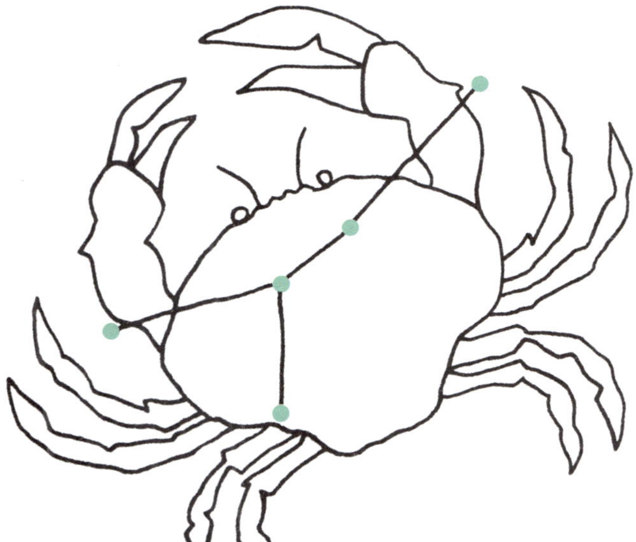

CARANGUEJO

PASSEIO pelo SISTEMA SOLAR

Que tal darmos uma volta pelo Sistema Solar para conhecermos melhor os astros? Preparados?

- REGRAS DO JOGO -

As regras do jogo são bem simples. Você vai precisar de um dado, e se mais de duas pessoas estiverem jogando, vai precisar de mais objetos para fazer de conta que são naves, que vão marcar as posições dos jogadores no tabuleiro.

Antes de começar, embaralhe as cartas e coloque-as viradas ao contrário, com a parte igual de todas elas para cima. As cartas contêm uma pergunta, uma resposta, o comando de avançar de casa ou jogar de novo (se a resposta for correta) e o comando de retornar ou permanecer na casa (se a resposta for errada).

Primeiro, lance o dado para ver quem começa o jogo. O maior número começa e a ordem dos seguintes será do maior para o menor número.

As naves ficam posicionadas na casa onde há a figura da Terra. O primeiro jogador lança o dado e anda o número

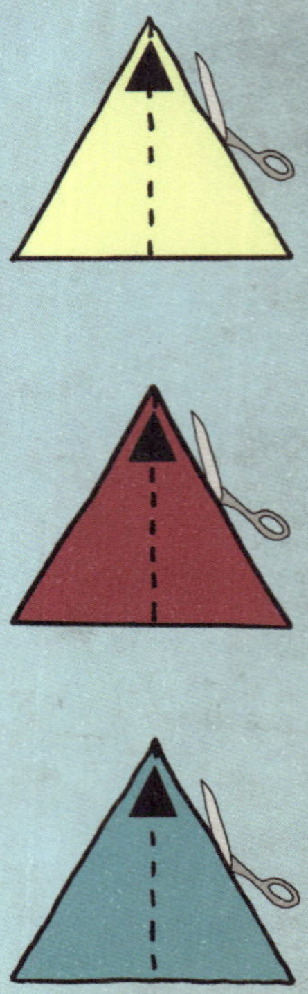

3 NAVES PARA RECORTAR E JOGAR!

INSTRUÇÕES NO VERSO

de casas indicado nele. Cada casa dá direito a retirar uma carta, à sua escolha, que contém uma pergunta. Só não terá direito à carta aquelas casas que já indicam o que o jogador deverá fazer se ele cair lá (casas em vermelho).

Ao retirar a carta, o jogador não poderá ver o outro lado dela. Ele deverá entregar a carta a outro jogador, que lhe fará a pergunta indicada. Dependendo da resposta, certa ou errada, ele deverá seguir a indicação da carta.

Por exemplo:

A estrela Sirius tem companheira?

Resposta: sim

Certo: avance 1 casa

Errado: volte 1 casa

Cada jogador só poderá retirar uma carta em cada jogada. A carta retirada deverá voltar ao baralho e ser misturada para o próximo jogador.

Ganha o jogo quem primeiro atingir o final. Se o jogador atingir a palavra FINAL, mas ainda restarem números no dado, ele deverá voltar no tabuleiro até completar o valor marcado no dado. O jogo só terminará quando ele completar o caminho coincidindo com o número do dado. Exemplos:

O jogador está na casa 34. Ele tira 5 no dado. Deverá andar 5 casas, indo até a palavra FINAL e voltando uma casa, ficando na casa 37.

O jogador está na casa 34. Ele tira 4 no dado. Anda 4 casas e chega até a palavra FINAL, ganhando o jogo.

PASSEIO *pelo* SISTEMA SOLAR

VOCÊ PODE CONSTRUIR
SEU PRÓPRIO

RELÓGIO de SOL

Mãos à obra!

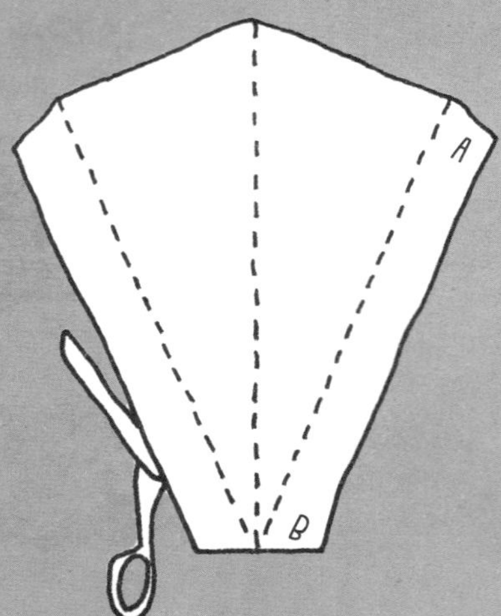

GNÔMON

1. RECORTE AS DUAS PEÇAS, CONFORME O DESENHO ABAIXO.

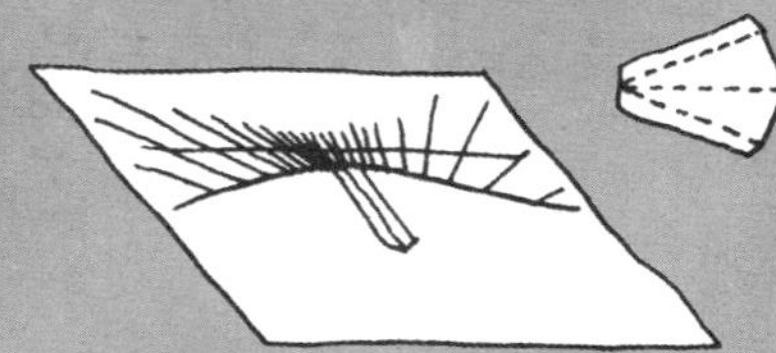

2. DEPOIS, DOBRE O GNÔMON AO MEIO PARA DENTRO E AS DUAS PARTES LATERAIS PARA FORA (COM AS LETRAS APARECENDO).

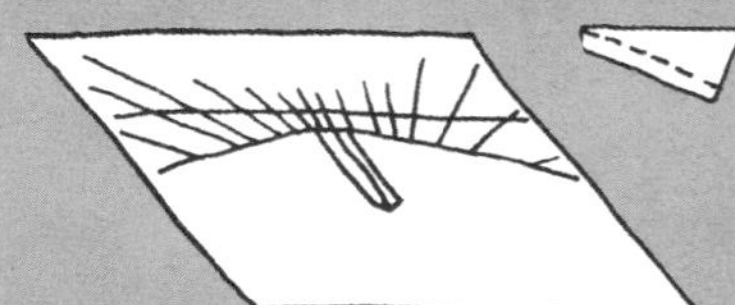

3. E, FINALMENTE, COLE O GNÔMON NA POSIÇÃO DEMARCADA. ("A" COM "A" E "B" COM "B")

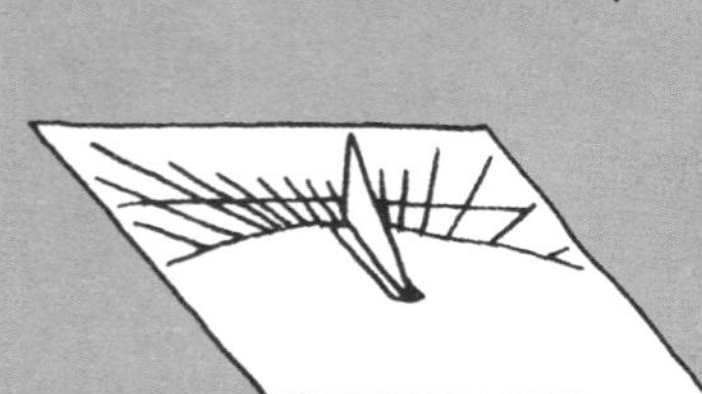

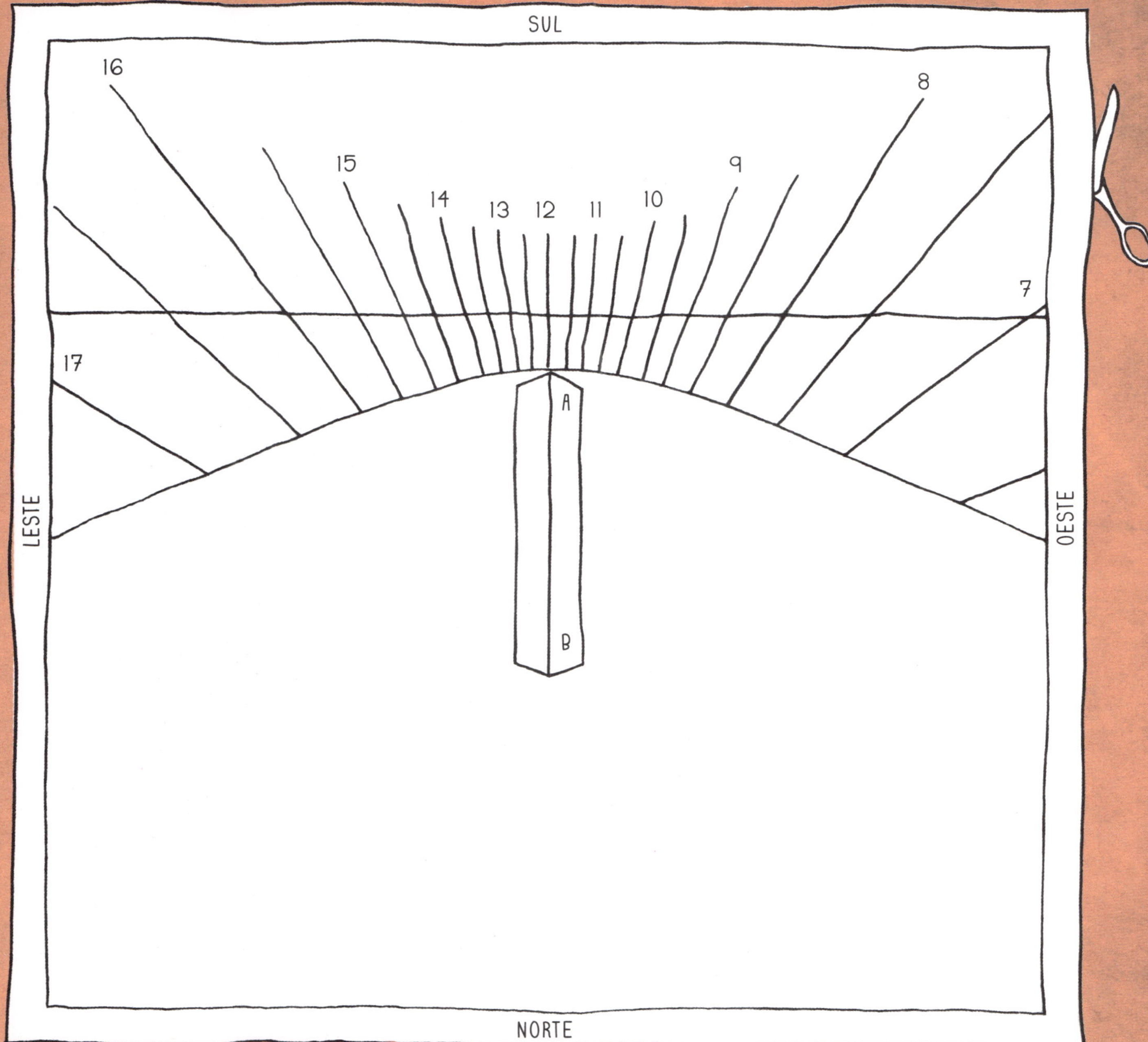
SUL
16
8
15
9
14
13
12
11
10
7
17
A
LESTE
OESTE
B
NORTE

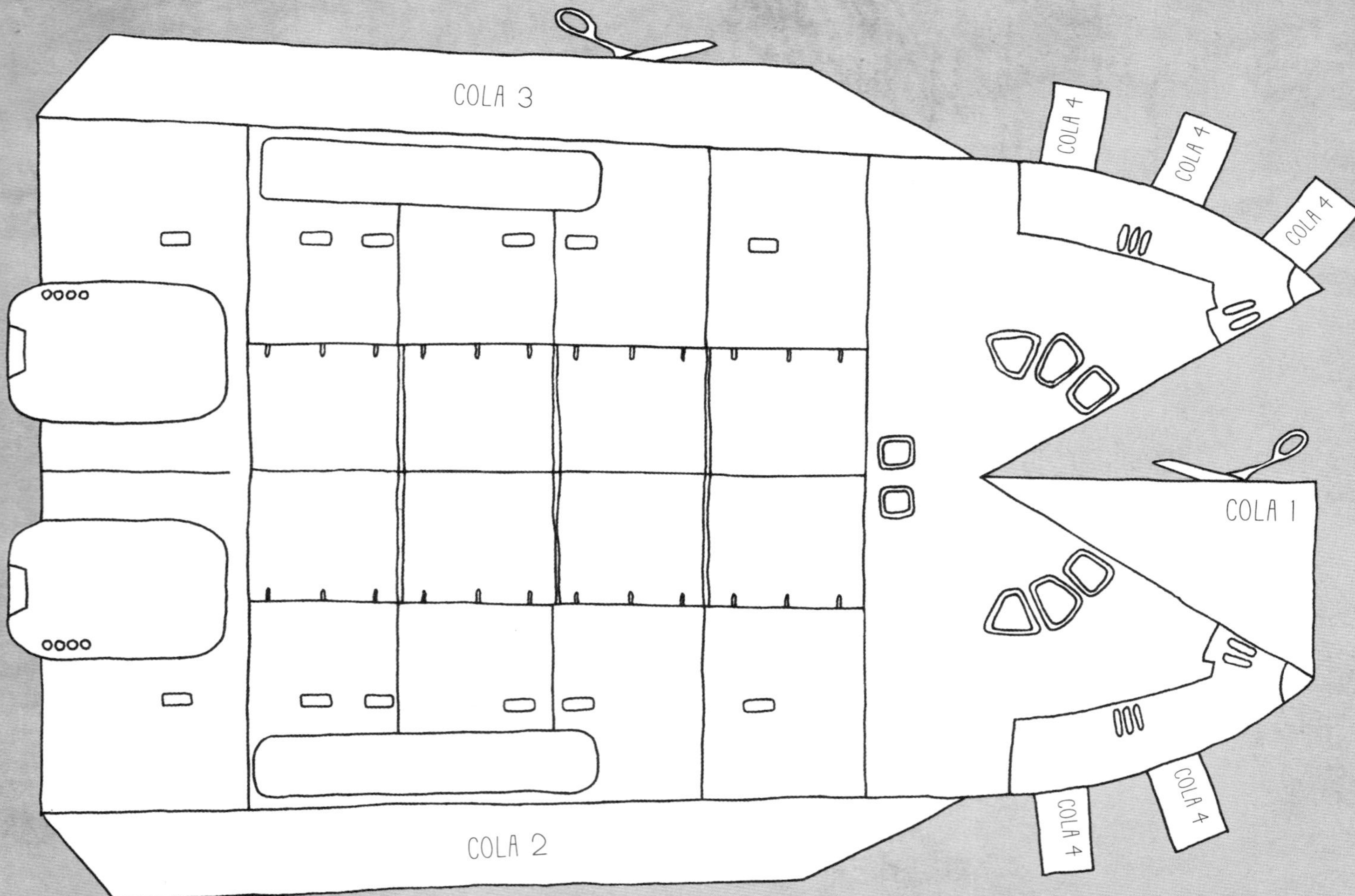
COLA 3
COLA 4
COLA 4
COLA 4
COLA 1
COLA 4
COLA 4
COLA 2

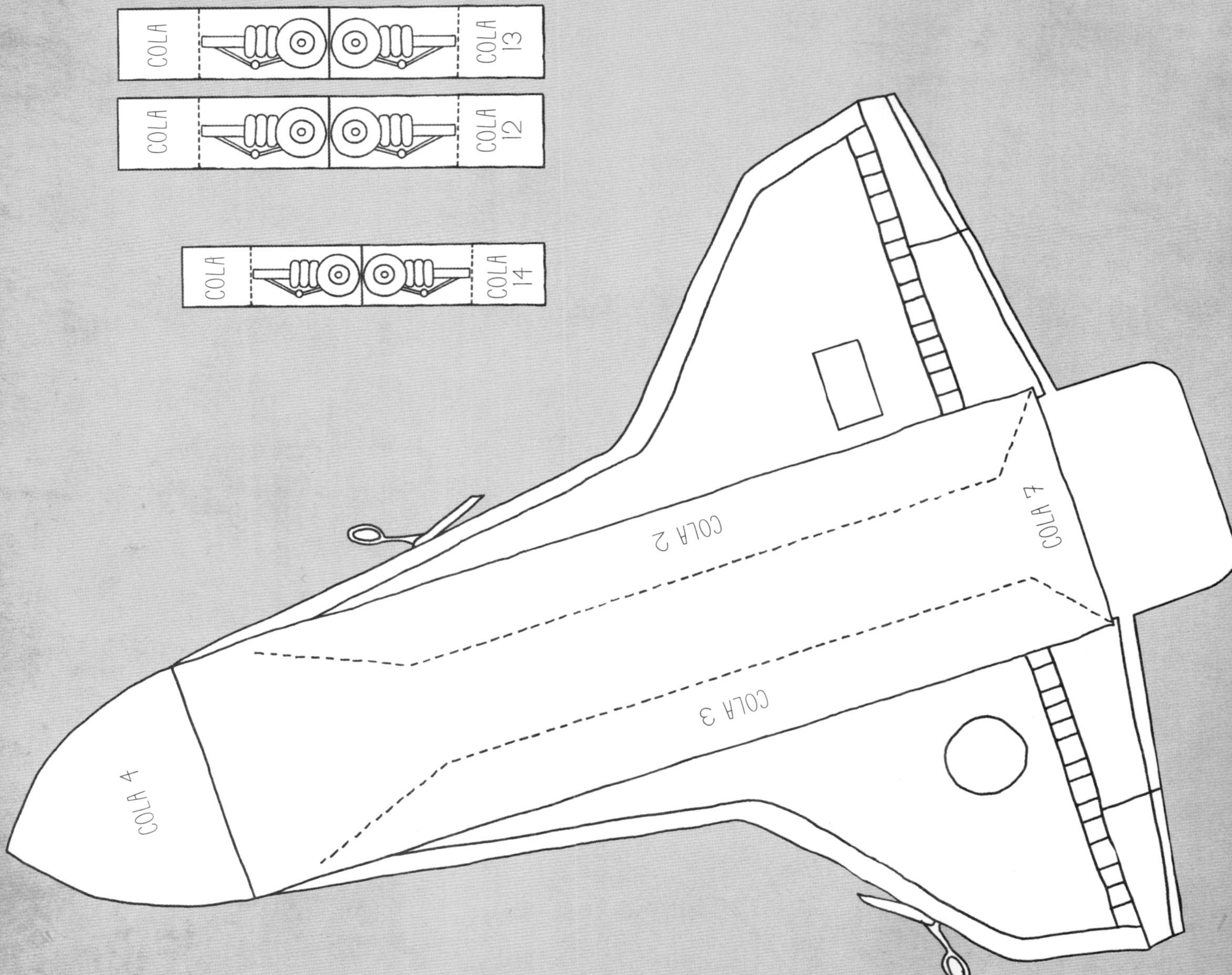
COLA
COLA 13
COLA
COLA 12
COLA
COLA 14
COLA 2
COLA 7
COLA 3
COLA 4

ÔNIBUS ESPACIAL

Depois de várias viagens ao redor da Terra e também à Lua, foi construído o ônibus espacial – uma nave que pode ser lançada para o espaço e voltar à Terra várias vezes. É bem mais econômico, porque antes os foguetes eram totalmente abandonados no espaço.

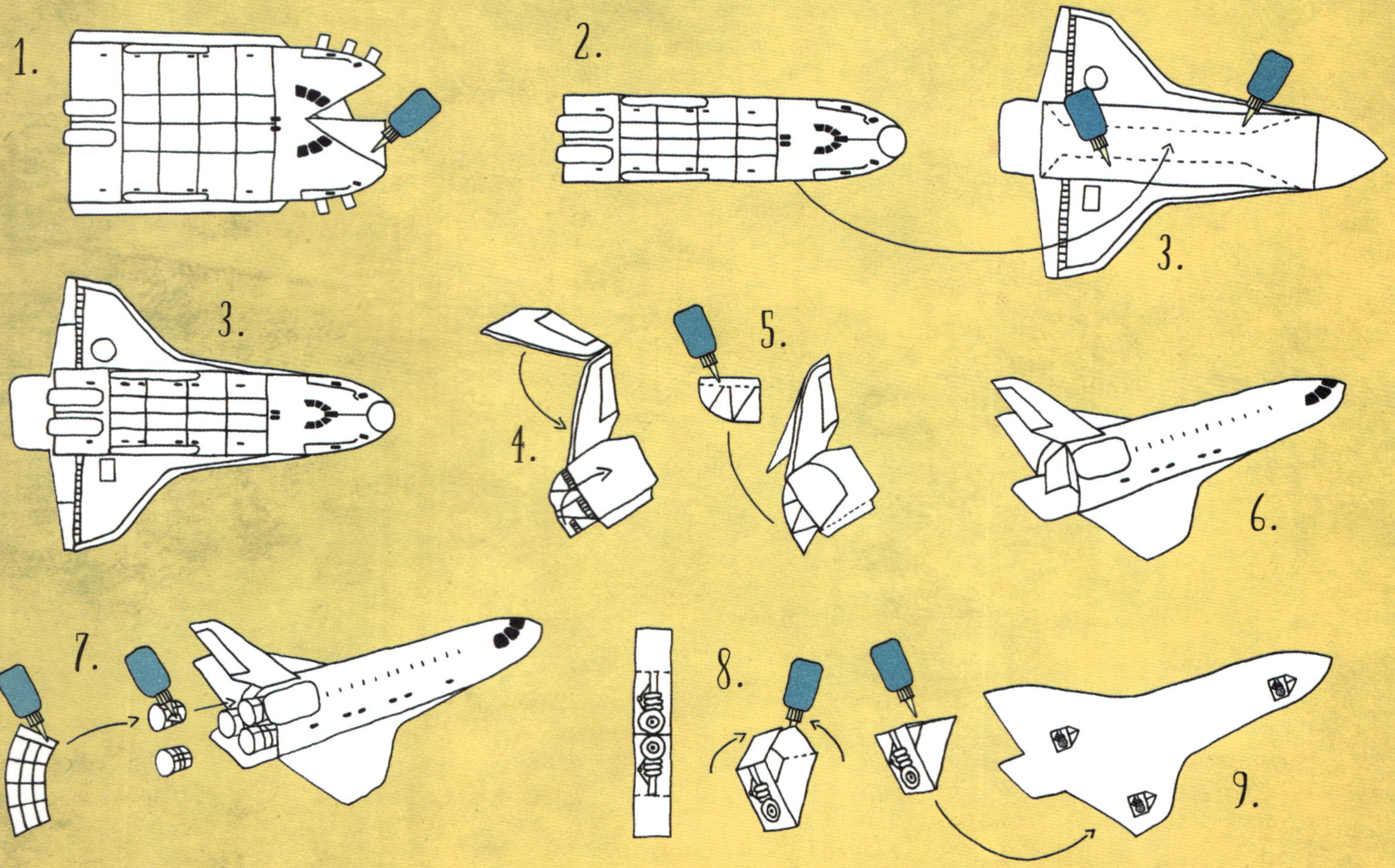

Corte e monte as peças a seguir para construir seu próprio ônibus espacial.

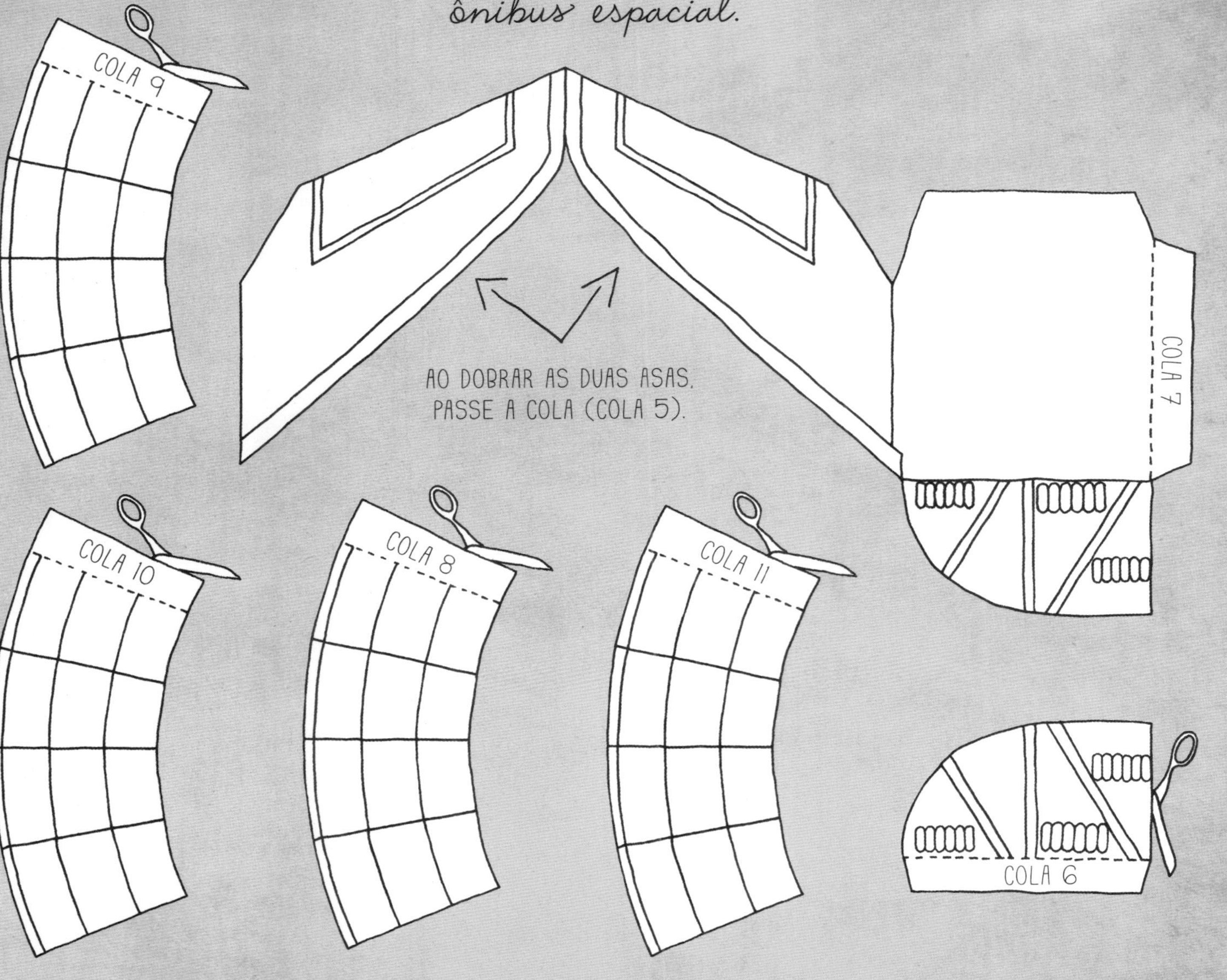

N
JAPÃO
BRASIL
S

DIA & NOITE

Recorte e cole nos espaços correspondentes

PEIXES

BALANÇA

ESCORPIÃO

SAGITÁRIO

LEÃO

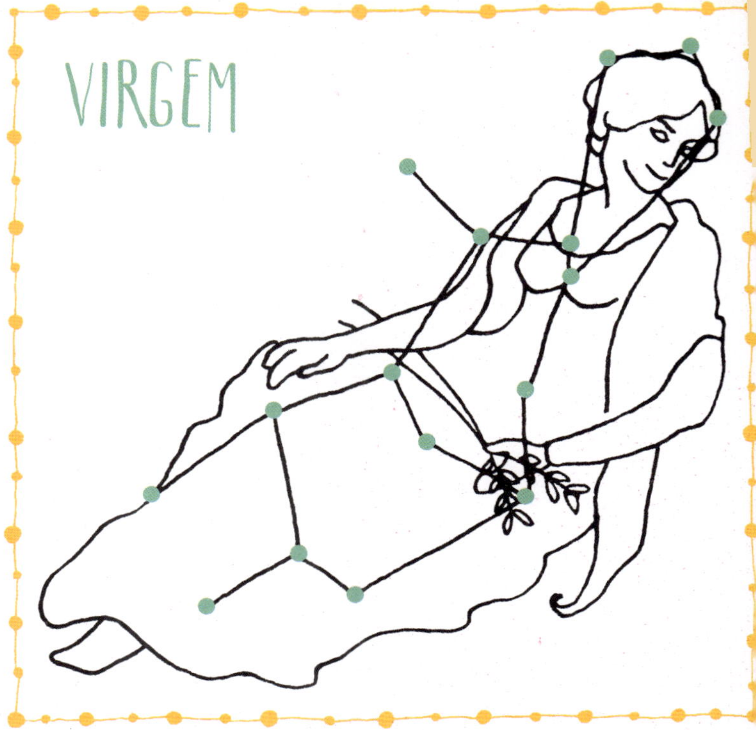
VIRGEM

CAPRICÓRNIO

AQUÁRIO

TELESCÓPIO
MERCÚRIO
LUA
COMETAS
SATÉLITES NATURAIS
TERRA
SATURNO
URANO
JÚPITER
ASTRONOMIA
NETUNO
SISTEMA SOLAR
VÊNUS
ASTEROIDES
MARTE

PERDIDOS pelo ESPAÇO

OS AMIGOS EXTRATERRESTRES
RECEBERAM SUA MENSAGEM
E ESTÃO EM VIAGEM PARA A TERRA.

*Corte e cole as figuras
para que eles não
se percam pelo caminho.*

1\.

AO REDOR DELE GIRAM MUITAS PEDRAS DE GELO E OS ANTIGOS LHE DERAM O NOME DE

.O DEUS DO TEMPO.

2\.

ATÉ HOJE SÓ ENCONTRAMOS VIDA NA

.O PLANETA ÁGUA.

3\.

EM

.A TEMPERATURA É TÃO ALTA QUE DERRETE CHUMBO. É O PLANETA MAIS QUENTE DO SISTEMA SOLAR.

4\.

.O MENSAGEIRO DOS DEUSES, ESTÁ TÃO PERTO DO SOL QUE SEU ANO TEM 88 DIAS TERRESTRES.

12\.

SÃO FORMADOS DE GELO E POEIRA. QUANDO SE APROXIMAM DO SOL, APRESENTAM UMA CAUDA BRILHANTE E COMPRIDA. ESTES ASTROS SÃO OS

13\.

O

É FORMADO POR UMA ESTRELA, O SOL, OITO PLANETAS, PLANETAS-ANÕES, MAIS DE 100 SATÉLITES, MILHARES DE ASTEROIDES E MILHÕES DE COMETAS.

14\.

A CIÊNCIA QUE ESTUDA O CÉU E OS ASTROS QUE EXISTEM NELE É A

15\.

O INSTRUMENTO USADO PARA OBSERVAR OS ASTROS É O

5.

MUITAS PESSOAS
ACREDITAM QUE EXISTE
VIDA EM

,MAS NADA FOI
ENCONTRADO ATÉ AGORA.

6.

É O MAIOR DE TODOS
OS PLANETAS. SE
PUDÉSSEMOS COLOCÁ-LO
NUMA BALANÇA, ELE
PESARIA QUASE DUAS
VEZES E MEIA A SOMA
DE TODOS OS OUTROS
PLANETAS JUNTOS.

7.

OS

ORBITAM O SOL
ENTRE MARTE E
JÚPITER. SÃO ENORMES
PEDRAS COM ATÉ
ALGUNS QUILÔMETROS
DE TAMANHO.

8.

COMO TODOS
OS PLANETAS
GASOSOS, O
DEUS DO CÉU,

É UM PLANETA
AZUL E GASOSO
COM UM NÚCLEO
DE ROCHA.

9.

É TODO AZUL E TEM
FURACÕES,
ASSIM COMO JÚPITER.

10.

A

É O SATÉLITE
NATURAL DA TERRA.
SUA SUPERFÍCIE
É TODA CHEIA DE
CRATERAS FEITAS
PELA QUEDA DE PEDRAS
VINDAS DO ESPAÇO.

11.

CADA VEZ MAIS ESTAMOS
DESCOBRINDO NOVOS

E, ATÉ O MOMENTO, JÁ
SÃO MAIS DE 100 NO
SISTEMA SOLAR. JÚPITER
É O PLANETA QUE POSSUI
O MAIOR NÚMERO.

PASSEIO
pelo
SISTEMA SOLAR

PASSEIO
pelo
SISTEMA SOLAR

PASSEIO
pelo
SISTEMA SOLAR

PASSEIO
pelo
SISTEMA SOLAR

PASSEIO
pelo
SISTEMA SOLAR

PASSEIO
pelo
SISTEMA SOLAR

QUAL PLANETA GIRA MAIS RÁPIDO AO REDOR DO SOL?

Resposta: Mercúrio

CERTO
↓
AVANCE 1 CASA

ERRADO
↓
VOLTE 4 CASAS

QUAL É O PLANETA MAIS LENTO DO SISTEMA SOLAR?

Resposta: Netuno

CERTO
↓
AVANCE 2 CASAS

ERRADO
↓
VOLTE 1 CASA

DE QUE SÃO FORMADOS OS COMETAS?

Resposta: Rocha, gelo e poeira

CERTO
↓
AVANCE 2 CASAS

ERRADO
↓
VOLTE 3 CASAS

QUAL É O NOME CIENTÍFICO DAS ESTRELAS CADENTES?

Resposta: Meteoros

CERTO
↓
AVANCE 3 CASAS

ERRADO
↓
VOLTE 2 CASAS

QUAL É A ESTRELA MAIS PRÓXIMA DA TERRA?

Resposta: Sol

CERTO
↓
AVANCE 2 CASAS

ERRADO
↓
VOLTE 3 CASAS

QUAL É A ESTRELA MAIS PRÓXIMA DO SOL?

Resposta: Alfa Centauri ou Rigil Kent

CERTO
↓
AVANCE 4 CASAS

ERRADO
↓
VOLTE 1 CASA

QUANTOS ASTRONAUTAS JÁ PISARAM NA LUA?

Resposta: 12

CERTO
↓
AVANCE 1 CASA

ERRADO
↓
VOLTE 1 CASA

QUAIS PLANETAS TÊM ANÉIS?

Resposta: Júpiter, Saturno, Urano e Netuno

CERTO
↓
AVANCE 2 CASAS

ERRADO
↓
VOLTE 1 CASA

QUAL É O PLANETA DO SISTEMA SOLAR MAIS QUENTE?

Resposta: Vênus

CERTO
↓
AVANCE 3 CASAS

ERRADO
↓
VOLTE 1 CASA

QUAL É O MAIOR PLANETA DO SISTEMA SOLAR?

Resposta: Júpiter

CERTO
↓
AVANCE 4 CASAS

ERRADO
↓
VOLTE 1 CASA

QUANTOS SATÉLITES NATURAIS TEM O PLANETA MARTE?

Resposta: 2 (Fobos e Deimos)

CERTO
↓
AVANCE 1 CASA

ERRADO
↓
VOLTE 2 CASAS

QUAL PLANETA É CONHECIDO COMO ESTRELA-D'ALVA?

Resposta: Vênus

CERTO
↓
AVANCE 1 CASA

ERRADO
↓
VOLTE 3 CASAS

PASSEIO
pelo
SISTEMA SOLAR

PASSEIO
pelo
SISTEMA SOLAR

PASSEIO
pelo
SISTEMA SOLAR

PASSEIO
pelo
SISTEMA SOLAR

PASSEIO
pelo
SISTEMA SOLAR

PASSEIO
pelo
SISTEMA SOLAR